14歳の
WORLDLY WISDOM FOR 14 YEARS OLD
世渡り術

モヤモヤしている女《おんな》の子《こ》のための読《どく》書《しよ》案《あん》内《ない》

堀越英美

河出書房新社

モヤモヤしている女の子のための読書案内　もくじ

Ⅱ 友だちにモヤモヤしたとき

Ⅲ 学校にモヤモヤしたとき

IV 親・大人にモヤモヤしたとき

V 勉強にモヤモヤしたとき

まえがき

マンガ、アニメ、スマホ、ゲームなど、キラキラした楽しい娯楽があふれる現代において、なんだって本なんて地味なものを読む必要があるのでしょう？

想像力を豊かにするため、感性を磨《みが》くため、表現力を高めるため、知識を増やすため。さまざまな理由を聞いたことがありますが、どれもピンときません。それならマンガでもいいのでは？と思ってしまいます。

私が考える本の良さ、それは「すごくたくさんある」ということです。

なんだその頭の悪そうな理由は、と思われるでしょうか。Google社の推定によれば、世界に存在する本の数は１億２９８６万４８８０点（２０１０年８月時点）にものぼります。1日1冊ずつ読んでも35万年以上かかる計算です。これほど数があれば、「こんなことを考えているのは自分だけかも」という思いを分かちあえる本、ぼやけていた視界が開けるような未知の価値観を教えてくれる本だって、きっとどこかにはあるはずなのです。

学校で堂々と楽しめるという点も、他のメディアにはない良さです。ひとりぼっちのときも、休み時間に本を読んでいれば恰好《かっこう》がつきます。

逆に言えば、現実の生活が充実している10代なら、無理に本を読む必要はないのかもしれません。太宰治も、「本を読まないということは、その人が孤独でないという証拠である」と書いているくらいです。

けれど、もし人に打ち明けづらいモヤモヤを抱えているなら、周囲に知られることなく多様な価値観に触れられる本は、心の整理整頓《せいとん》に役立つでしょう。

一方、本というメディアの厄介さは、その関わりが非常に個人的すぎるという点にあります。星の数ほどもある中から選んだ、誰《だれ》かにとってたった一つの大切な本は、ほかの誰かにとってはただの紙の束にすぎない、ということは珍《めずら》しくありません。動画は再生数を見れば面白さをだいたい予測できますが、一億人が読んだ古典だからといって、その本が自分にとって面白いかどうかはわかりません。アニメやマンガのように、パッと見で自分の好みかどうかを判別するのも難しい。今の自分にちょうどぴったり合った本を探すのは至難の業です。

ブックガイドはどうでしょうか。大人がおすすめする本は、若い頃のその人にとっては運命の本であったとしても、現代の10代の心に触れるとは限りません。学校で配付される課題図書リストも、教育者の立場から怪しい本を推薦するわけにはいきませんから、がんばる若者が成長する道徳的な物語や偉人の伝記などがメインになりがちです。もちろんそれらを楽しめればそれでいいのですが、心がダークサイドに堕《お》ちているときには、さわやかな物語にかえって落ち込んでしまうこともあるでしょう。

ことほどさように、10代に本を紹介することは難しい。我が家にも中学生の長女がいますが、ただ私が好きな本を薦めても、パソコンを眺めたまま「フーン」で終わりです。しかし学校や人間関係のモヤモヤを聞かされたとき、モヤモヤを言語化するヒントになりそうな本を紹介すると、思いのほか食いつきがよいのです。思春期のモヤモヤなら、中年にだっていくらか覚えがある。というわけで、本書は思春期女子のモヤモヤ別に、本を探せるようにしました。

選書にあたっては、現役女子中学生の意見を反映して、なるべく新しい本、笑える本を優先しました。本はとにかくいろいろある、ということも知ってほしくて、物語に偏《かたよ》らないようにしています。多少は下ネタもあるかもしれません（ごめんなさい）。いい子のふりをすることにうんざりしている女の子が手に取ってくれることを願っています。

I

自分に モヤモヤしたとき

マイナス思考から抜《ぬ》け出せない。

おすすめ本

『絶望名人カフカの人生論』

フランツ・カフカ／著

頭木弘樹／編訳

新潮文庫　2014年刊

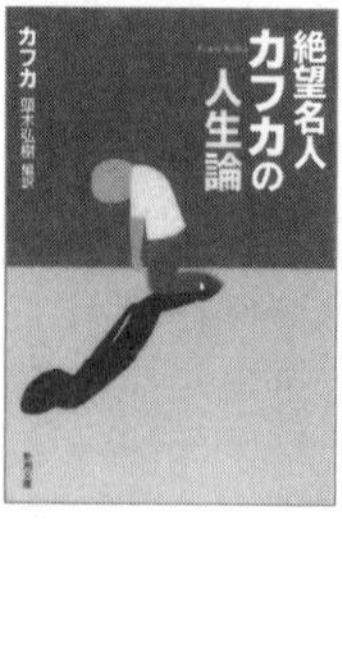

みんなが自分を嫌《きら》っているような気がする、自分は一生ダメ人間のままだ……こうしたマイナス思考のループに入ると、ポジティブな言葉は一切耳に入らなくなります。「諦《あきら》めなければ夢がかなう？　たまたま才能があったから成功しただけでしょ！」と偉《い》人《じん》の名言に腹を立て、「なーにが〈一人ぼっちじゃないよ〉だ。生まれたころからリア充《じゅう》だった奴《やつ》に何がわかる！」とたまたま耳にした応援《おうえん》ソングにまでイラっとする。こんなときは、前向きな言葉より後ろ向きな言葉のほうが心にスッと入ってくるものです。

「将来にむかって歩くことは、ぼくにはできません。／将来にむかってつまずくこと、これはできます。／いちばんうまくできるのは、倒《たお》れたままでいることです。」

これは超《ちょう》有名な文豪《ぶんごう》、カフカの言葉です。前向きどころか、倒れたまま動かないなんて、筋金入りのネガティブと言えましょう。このような後ろ向きなカフカの言葉ばかりを集めた異色の名言集が『絶望名人カフカの人生論』（頭木弘樹編訳）です。

カフカの人生は常に絶望と隣《とな》り合わせでした。厳しい父親の躾《しつけ》で自信を失い、教師からは劣等《れっとう》生と決めつけられ、散歩しただけで疲《つか》れで3日間何もできないくらい虚弱《きょじゃく》な身体に悩《なや》まされてきたといいます。せっかく社交する機会があっても「またいろんな人たちとムダな晩を過ごしました」と落ち込《こ》み、毎朝仕事に向かう廊下で絶望し、地下室の一番奥の部屋で暮らしたいと願う。こんな倒れっぱなしの人が、なぜ偉大な文豪になれたのか。本人はこのように分析《ぶんせき》しています。

「ぼくは自分の弱さによって、／ぼくの時代のネガティブな面をもくもくと掘《ほ》り起こしてきた。／現代は、ぼくに非常に近い。だから、ぼくは時代を代表する権利《けんり》を持っている。／ポジティブなものは、ほんのわずかでさえ身につけなかった。／ネガティブなものも、ポジティブと紙一重の、底の浅いものは身につけなかった。」

ポジティブな言葉でごまかすことなく自らの弱さに向き合い、酷薄《こくはく》な社会を見つめてきたからこそ、名作を生み続けることができたのでしょう。余人の追随《ついずい》を許《ゆる》さぬカフカ作品の奇妙な想像力とユーモアは、徹底《てってい》した絶望の果てに生まれたもの。絶望するならとことん深く、自分も社会も底まで掘り起こす勢いでしっかり落ち込む。それが人生という果実を味わい尽《つ》くす秘訣《ひけつ》なのだと気づかされます。つらいときは無理に起き上がらずカフカと一緒《いっしょ》に倒れて絶望し、さらなる深みを目指しましょう。

もう1冊！

フランツ・カフカ『雑種――カフカ ショートセレクション』（酒寄進一訳、ヨシタケシンスケ絵、理論社、２０１８年刊）

絶望がどんな名作を生んだのかを知りたい人は、ヨシタケシンスケによるネコ羊のイラストがキュートなこの短編集をどうぞ。

将来の夢がありません。

おすすめ本

『世にも奇妙《きみょう》な職業案内』
『世にも奇妙な職業案内　増感号』
ナンシー・リカ・シフ／著
伴田良輔／訳
ブルース・インターアクションズ　2004年刊（増感号は2006年刊）

やたらと将来の夢について聞かれ、発表させられる。10代の宿命です。「楽してお金がいっぱいもらえる仕事に就《つ》きたい」「休日は趣味《しゅみ》に費やしたいから、休みが多くて安定した仕事ならなんでもいい」といったリアルな答えは、なぜか却下《きゃっか》されてしまいます。今のところやりたい仕事はないし、「ＡＩに負けない仕事を選べ」と言われても、ＡＩがなんなのかもよくわからない。そんな人には、アメリカに実在するマニアックな職業ばかりを集めたお仕事紹介《しょうかい》本『世にも奇妙な職業案内』（ナンシー・リカ・シフ）をおすすめします。

奇妙な職業を求めて国内を旅した写真家がレンズを向けたのは、博物館で毎日恐竜《きょうりゅう》の骨を掃除《そうじ》する「恐竜掃除人」、広告撮影《さつえい》現場に集められた赤ちゃんの注意をひきつける「赤ちゃん調教師」など、一般《いっぱん》のお仕事図鑑《ずかん》には載《の》っていない職業に従事する60人余りの人々です。そのほかの職業も、犬の口臭《こうしゅう》で歯肉炎《えん》が治ったかどうかを確認する「犬嗅《か》ぎ人」、病理学者のために解剖《かいぼう》用の死体を洗う「死体洗い」、土壌《どじょう》を改良するミミズを飼育する「ミミズ農場主」等々、聞いたこともないようなユニークなものばかり。職業名は奇妙だとしても、彼らの誇《ほこ》りに満ちた表情を見れば、世の中には数えきれないほどの仕事があって、人目に触《ふ》れる仕事だけが「夢」じゃないと実感できるでしょう。そしてどんなにささやかに見える仕事でも、それぞれがつながり合って社会を支えているということも。

　現代の日本にも本書と同じ仕事があるかどうかは別として、これほど多彩《たさい》な仕事が存在するなら、自分に合った仕事もどこかにあるはず。そう思えれば、今はやりたい仕事が見つからなくても、安心できるのではないでしょうか。ピアニストにはなれなくても、口笛演奏家にはなれるかもしれない。本書に登場する男性向け花嫁《はなよめ》学校の校長先生のように、ニーズさえあれば、自分で職業を作ってもいいのです。

　そして将来の夢を発表しろと言われたら、本書に載っている職業を答えてみるのもいいでしょう。「ユーチューバー」という答えに怒《おこ》る大人も、聞いたこともない職業にはダメ出ししづらいものです。

　なお、大反響《はんきょう》を受けて刊行された第二弾《だん》『世にも奇妙な職業案内　増感号』にも、「焚《た》き火師」「クラゲ養殖《ようしょく》人」「カメ救護士」「砂の城作り指導者」と、第一弾以上にマニアックな職業が掲載《けいさい》されています。将来の選択肢《し》が広がりますね。

もう1冊！

劇団雌猫《めすねこ》『本業はオタクです。——シュミも楽しむあの人の仕事術』（西尾理子協力、中央公論新社、２０１９年刊）

仕事とオタク活動の両立に成功しているオタク女子へのインタビュー集。どういうキャリアを選べば大人になっても趣味に生きられるのか知りたい女子は必読です。

人前でキョドる自分が恥《は》ずかしい。

おすすめ本

『茨木のり子集　言の葉１』

茨木のり子／著

ちくま文庫　２０１０年刊

茨木のり子は、国語の教科書にも掲載《けいさい》されている「自分の感受性くらい」でよく知られた詩人です。「自分の感受性くらい／自分で守れ／ばかものよ」という若干《じゃっかん》キレ気味なフレーズが印象的なせいで、自他に厳しいお堅《かた》い女性というイメージで敬遠してきた人もいるかもしれません。そんな人はぜひ、初期の詩が収録された『茨木のり子集　言の葉1』を読んでみてください。半世紀以上前の詩だというのに、若い女の子のいら立ちと不安定さをそのまま叩きつけるような、みずみずしい言葉に満ちています。

「満員電車のなかで／したたか足を踏《ふ》まれたら／大いに叫《さけ》ぼう　あんぽんたん！」（「おんなのことば」より抜粋《ばっすい》）

「パパはいう　お医者のパパはいう／女の子は暴れちゃいけない／からだの中に大事な部屋があるんだから／静かにしておいで　やさしくしておいで／そんな部屋どこにあるの／今夜探検してみよう」（「女の子のマーチ」より抜粋）

「このあたりでひとつ／男の鼻っぱしらをボイーンと殴《なぐ》り／アマゾンの焚火でも囲むべきではないか？」（「怒《おこ》るときと許すとき」より抜粋）

こんな勇ましい詩を読んだら、つらくて死にたいときも「むかつくやつをぶっ飛ばすために筋トレでもしようかな！」という前向きな気持ちになれそうです。

人前で挙動不審《ふしん》になって落ち込《こ》んだときにおすすめしたい詩は、「汲《く》む　——Y・Yに——」。挙動不審は他人をナメてない初々しさの表れなのだと、気が楽になるでしょう。

そのひとは私の背のびを見すかしたように／なにげない話に言いました。

初々しさが大切なの／人に対しても世の中に対しても／人を人とも思わなくなったとき／堕落《だらく》が始《はじま》るのね　堕《お》ちてゆくのを／隠《かく》そうとしても　隠せなくなった人を何人も見ました

私はどきんとし／そして深く悟りました

大人になってもどぎまぎしたっていいんだな／ぎこちない挨拶《あいさつ》　醜《みにく》く赤くなる
失語症《しょう》　なめらかでないしぐさ／子どもの悪態にさえ傷ついてしまう
頼《たよ》りない生牡蠣《なまがき》のような感受性／それらを鍛《きた》える必要は少しもなかったのだな

（「汲む　―Y・Yに―」より抜粋）

もう1冊！

ソフィー・ハウザー、アンドレア・ゴンザレス『ガール・コード――プログラミングで世界を変えた女子高生二人のほんとうのお話』（堀越英美訳、Pヴァイン、2019年刊）

授業の発表前日に泣きじゃくるほど引っ込み思案だった女子高生ソフィーは、夏休みのプログラミング教室でアンディと出会い、生理タブーを風刺するゲーム「タンポン・ラン」を制作して一躍《いちやく》時の人に。大人たちの前で堂々と講演できるようになるまでを本人たちが綴《つづ》ったノンフィクション。

人見知りを克服《こくふく》したい。

おすすめ本

『マーヤの自分改造計画——１９５０年代のマニュアルで人気者になれる？』

マーヤ・ヴァン・ウァーグネン／著

代田亜香子／訳

紀伊國屋書店　２０１７年刊

「人見知りの皆さんは嫌《きら》われちゃうのが怖《こわ》いって思ってるんでしょ？　嫌われちゃうってことは嫌われてないと思ってるんですよ。もう既《すで》に嫌われてるんですよ？」。とあるバラエティ番組で人見知りのお笑い芸人たちに向かって放たれた、山崎弘也（アンタッチャブル）の言葉が忘れられません。

私のような人見知りは、グイグイいって嫌われるくらいなら、おとなしくして全く気に留められないほうがマシと思ってしまいがちです。でもそれは、たいていの人間は知らない人のことをうっすら嫌いであるという現実から目をそらしているだけなのだと気づかされたのです。ろくに話しかけず、得体のしれない人として存在してしまっている時点で、私たちは嫌われの道に足を踏《ふ》み込《こ》んでしまっている。どうせ嫌われるなら、話したい人と話していく人生のほうが楽しいに決まってます。

『マーヤの自分改造計画』（マーヤ・ヴァン・ウァーグネン）は、卒業までにさえない自分を変えたいアメリカの現役中学生の実験日記を書籍化したものです。著者は読書が大好きで勉強ができる女の子ですが、ペアを組む時に誰《だれ》にも選んでもらえない、いわゆる〝ぼっち〟です。そんな彼女が１９５０年代の人気者ガイドブックを見つけ、自分を変えることを決意します。背筋を伸《の》ばして歩く、ダイエットする、ガードルをはく、古着のロングスカートをはく、リップを塗《ぬ》る、真珠《しんじゅ》のネックレスをつける。見た目を改善して少しずつ自信をつけたマーヤは話せる相手を増やしていきますが、それだけでは人気者にはなれません。

　ガイドブックによれば、人気者になるためにいちばん大切なのは、人とうまくやっていくこと。引っ込み思案を克服するには少しずつ慣《な》らしていきましょうというアドバイスを真に受けたマーヤは、学食であらゆるグループと一緒《いっしょ》に座り、話しかけるという荒《あら》行《ぎょう》に出ます。人気者どころか、おばあちゃんみたいなかっこうをして誰にでも話しかける変人として、マーヤはうわさの的になってしまいました。けれども「変人」として自分の殻《から》を打ち破り続けることで、そんな自分を面白がったり認めてくれたりする友達も着実に増えていきます。

「あたしは人気者になりたい。ほかの人に好かれたい。だけど、ほかの人たちもみんな、自分の存在に気づかれるのを待ってるんだってことがわかった」。

怖いと思っていた不良男子グループが、勉強のできるマーヤを認めてくれていたことも、この荒行で初めて知ったことです。

スクールカーストのトップにはなれなくても、他人に歩み寄れる自分を大好きになれたマーヤの姿は、誰だって自分の人生の主人公になれるということを教えてくれます。

もう１冊！

若林正恭《まさやす》『完全版　社会人大学人見知り学部　卒業見込』（角川文庫、2015年刊）

〝人見知り芸人〞として知られる著者が、考えすぎて斜《しゃ》に構えてしまう自意識を克服し、自分の中の「ネガティブモンスター」を飼いならしながら他者と折り合いをつけていく過程をおさめたショートエッセイ集。

才能や容姿に恵《めぐ》まれている人を見るたび、
嫉妬《しっと》や劣等感《れっとうかん》にとらわれて苦しい。

おすすめ本

『天才はあきらめた』
山里亮太《りょうた》／著
朝日文庫　2018年刊

小さかったころ、将来の夢は無限大に広がっていました。アイドル、スポーツ選手、マンガ家……。憧《あこが》れの職業に就けるのは一握《ひとにぎ》りの天才だけだと知るのは、もう少し大きくなってから。資質に恵まれ、自分の夢を難なくかなえそうな人を見ていると、嫉妬で頭がおかしくなりそうになることもあるでしょう。そんな黒い感情とうまく付き合いながら、夢に近づく方法を教えてくれるのが『天才はあきらめた』（山里亮太）です。

〝火を怖《こわ》がるサイ〟と医者のコントで2004年の「M-1グランプリ」にさっそうと登場し、鋭《するど》いワードセンスで人々に衝撃《しょうげき》を与《あた》えたお笑いコンビ「南海キャンディーズ」のネタづくり担当である著者は、天才そのもののように見えます。しかし本書によれば、高校時代から「自分は天才じゃない」と自覚していたとか。それでもお笑いの道を諦《あきら》めなかった秘訣《ひけつ》は、「張りぼての自信」貯金を貯め続けることだったといいます。

映画鑑賞《かんしょう》後にノートに気に入った言葉とその言葉の面白い使いみちを書き留め、壁《かべ》のシミから何かを5個見つけるまでトイレから出ないというルールを課《か》す。そうした努力を自分で褒《ほ》めて自信を貯める。それが「張りぼての自信」貯金。自分のダメさを突《つ》き付けられる出来事があっても、ダメな自分だからこそ努力量を増やさなければならないと考え、そう思えた自分を褒めてプラスに転換《てんかん》していきます。「この張りぼての自信は、『俺なんて……』というあきらめさせ界のスーパーエースの攻撃《こうげき》も見事に跳《は》ね返し続けて、お笑い芸人への夢に向かわせてくれたのである」。

失礼なことを言われても、ただムカつくだけでは終わらせない。すぐさまそのやり取りをノートに書き留め、相手を罵倒《ばとう》するために自分がどんな努力をしなくてはいけないかを書きだす。ムカつきを努力の動力源にして成功すれば、イヤな人でも「いつか俺に逆襲《ぎゃくしゅう》される種を必死で蒔《ま》いて水をあげてる愚《おろ》かな奴《やつ》」と思うことができるからです。

嫉妬、劣等感、憎悪《ぞうお》といったネガティブな感情を持つと、自分のことがイヤになることもしばしばです。でも著者が教えてくれるのは、そうした強く苦しい感情こそが、自分を高めてくれる原動力になるということ。著者は努力を続けることで、自分を引っ張り上げてくれるすばらしい人々と出会い、実際に成功への道を歩んでゆくのですから。

自分を「頑張《がんば》れなくさせるもの」を振《ふ》り切って、全力で走れ！

そんなものからは、逃《に》げて逃げて逃げまくれ！

そのためのガソリンとして、自分が味わった苦しい感情を全部使え！
という一節は、どんな道を選ぶ人にも参考になるでしょう。

もう1冊！

林真理子『葡萄《ぶどう》が目にしみる』（角川文庫、1986年刊）

周囲に器量の悪さをバカにされ、女子率の低い共学進学校に入学して高校デビューを目指す乃里子。先輩との恋愛妄想《れんあいもうそう》日記をしたためるも、高校でもパッとしないまま。劣等感、過剰《かじょう》な自意識、たくましい男の肉体への欲望、垢抜《あかぬ》けた女の子たちへの嫉妬……多くの人がひた隠《かく》しにするようなガツガツした感情をガソリンにして、彼女は東京に飛び出します。

つい他人と比べて落ち込《こ》んでしまいます。

おすすめ本

『水木サンの幸福論』

水木しげる／著

角川文庫　2007年刊

デンマークの幸福研究所（Happiness Research Institute）は２０１５年、ＳＮＳの利用をわずか1週間中止しただけで幸せになれるという調査結果を発表しました。Facebookの利用者を2グループにわけてアンケート調査を行ったところ、利用を中止したグループのほうが生活満足度がアップしたというのです。同研究所のＣＥＯは、知人のいい知らせを見ているうちに、自分の境遇《きょうぐう》への不満が増したからではないかと分析《ぶんせき》しています。

そうはいっても、人と比較《ひかく》するのをやめられないというときは、マンガ家・水木しげるの自伝『水木サンの幸福論』がおすすめです。

『ゲゲゲの鬼太郎《きたろう》』の作者として知られる著者は、子どもの頃から考え続けてきた幸せの条件を、本書で「幸福の七カ条」としてまとめました。

第一条　成功や栄誉や勝ち負けを目的に、ことを行ってはいけない。

第二条　しないではいられないことをし続けなさい。

第三条　他人との比較ではない、あくまで自分の楽しさを追求すべし。

第四条　好きの力を信じる。

第五条　才能と収入は別、努力は人を裏切ると心得よ。

第六条　怠け者になりなさい。

第七条　目に見えない世界を信じる。

これらの言葉からは、天賦《てんぷ》の才能に恵まれてのほほんと暮らした人に見えますが、とんでもない。太平洋戦争では激戦地ラバウルの最前線に送られ、左腕を失って命からがら生還《せいかん》し、復員後も闇《やみ》の担ぎ屋など職を転々する極貧の日々。ようやく画業で食べられるようになったのは40歳をすぎてからで、『ゲゲゲの鬼太郎』がヒットしたのは40代半ばというハードな半生を送っているのです。並みの人間なら4、5回は死んでます。

そんな著者の言う、他人と比較するな、勝ち負けを目的とするな、という言葉は重い。部隊で一人だけ生還することができたのも、毎日学校に遅刻するほど寝て、宿題をほったらかして山や海で遊びまわって体力をつけてきたおかげ。軍事裁判にかけられずに済んだのも、軍隊の考えに染まらずダメ兵隊のままだったおかげ。片腕を失いながら戦後の混乱期を生き延びられたのも、劣等生《れっとうせい》扱いにめげずに絵を描《えが》き続けてきたおかげ。

「勝ち」の基準は時代によってくるくる変わるのだから、自分だけの「しないではいられないこと」を探すのが、結局のところ幸せへの近道なのでしょう。

もう1冊！

京極夏彦『地《じ》獄《ごく》の楽しみ方——17歳の特別教室』（講談社、2019年刊）

水木しげるを師と仰《あお》ぐ小説家が10代を対象に行った特別授業を書籍《しょせき》化。勉強もスポーツも本来楽しんでやるもの、勝敗はしょせん「遊び」なのだから人生に持ち込《こ》むのはばかばかしい、努力をしてその成果が出ただけのことを「自分に勝つ」というのはおかしい、「うれしい」でいいじゃないか等々、常套句《じょうとうく》が生み出す精神論で追い詰《つ》められない人生の楽しみ方を伝授します。

何も打ち込《こ》めるものがなく、
人生がつまらない。

おすすめ本

『ひとりずもう』
さくらももこ／著
集英社文庫　2019年刊

部活に恋《こい》に友情に全力投球し、清涼《せいりょう》飲料水のCMのようなキラキラした青春を送っている同世代を見ると、自分は一度しかない青春の無駄遣《むだづか》いをしているのではないかと焦《あせ》ってしまう。私もそんな中高生の一人でした。

「私は何もしない青春を送る者なのだ。何もしない青春を送っている事に気づいても、今さらどうにかできるもんでもないし、こうやって十七歳の日々が単に過ぎてゆくだけなのだ。甘酸《あまず》っぱい経験とか、きらめきとかときめきとか、そういったヤング感のある形容とは無縁《むえん》の人生なのだ」。

『ちびまる子ちゃん』の作者が自らの10代を振《ふ》り返るエッセイ『ひとりずもう』（さくらももこ）を読めば、キラキラしない青春の過ごし方のヒントが得られるかもしれません。

クラスの女子たちが男子の目を気にする中で、「ゴリラやオランウータンの気を引くために、いっしょうけんめい努力するなんて、動物園の飼育係の人にも『そんな事したってムダだ』と言われるぐらいバカらしい行為《こうい》だ」と、おバカな男子に目もくれなかった著者は、ひたすら画集にうっとりする中学時代を過ごします。

異性への興味が目覚めても、実際の男子は怖《こわ》い。頭の中で「へーきみンち八百屋なんてカッコいいなァ」と言ってくれる貧乏《びんぼう》な好青年を妄想《もうそう》してときめくのみ。一番楽だからという理由で入った物理部では、他校の男子生徒からアマチュア無線の返答が来て鼻血が出そうになり、マイクを投げ捨て逃走してしまいます。これをきっかけに部活もサボりがちに。

何もしないけれど、犯罪行為もしない。著者はそんな自分のことを真面目な人間だと思っていましたが、文化祭で機械が動かず泣く物理部の先輩《せんぱい》たちを見て考えが変わります。「真面目な人の青春の涙《なみだ》」に素直に感動するとともに、サボってばかりいた自分の不真面目さを実感するのです。さりとてむやみに自己否定せず、「それが私だ」と淡々《たんたん》と観察する筆致《ひっち》は、さすが「まる子ちゃん」だと思わせます。

高校生活残り1年をマンガ描きに明け暮れ、エッセイマンガでデビューを決めることができたのは、このだらだら期に周囲と自分を冷静に見つめ続けたおかげなのでしょう。

「人生って夢やイメージではなく、毎日毎日が続いてゆくものであり、人間が一日にできる事といったらホントにちょっとだけだし、ちょっとだけしかできない事を、楽しんだり味わったりしてゆく気持ちを若い頃《ころ》から忘れないでいて欲しいと思う」

痛くてもかっこ悪くても、自分に起きた出来事は自分だけのもの。なんてことのない日常をどう面白がっていくか。それが青春以降も続く人生を豊かに生きる秘訣《ひけつ》です。

もう1冊！

岩井勇気『僕の人生には事件が起きない』（新潮社、2019年刊）

地味な日常も掘《ほ》り下げれば面白い。人気お笑い芸人の初エッセイ。

SNSで「いいね」やフォロワーの数が
気になってしまう自分がイヤ。

おすすめ本

『ウチら棺《かん》桶《おけ》まで永遠のランウェイ』
kemio／著
KADOKAWA　2019年刊

SNSに投稿《とうこう》したら反応が気になってスマホが手放せなくなり、勉強が手につかない……。10代に限らず、大人もやらかしがちなこの状態。大人に相談したところで、スマホを取り上げられるのがオチでしょう。大人だって、SNS依存をどうしていいのかわからないのですから。

SNSにまつわる悩《なや》みの解決法は、SNSとうまくつきあってスターになった人に聞くのが一番です。高校時代に6秒動画「Vine」でブレイクしたカリスマクリエーターによる『ウチら棺桶まで永遠のランウェイ』は、「SNSはウチらの脳みそをぶっ壊《こわ》しにきてるよね～」とカジュアルに語りかけながら、若者の悩みに答えてくれる本です。

「なんかやってるときに『あ、これInstagramに上げよう』とか思っちゃって、あああ私SNSに雇《やと》われてるわ……って思うことがしょっちゅうある」という著者は、SNSにとらわれる若者を決して否定しません。「いいね」が気になる問題についても、「気にするのわかる、当然だよ。だっていいねってうれしいじゃ～ん！　やっぱり誰かが評価してくれたってことを、目で確認できるとアガるっしょ。自分の好きなことを発信して、評価を得たいっていう願望は普通のことじゃない？」と全肯定《こうてい》。ただし、数字にとらわれすぎるなと釘《くぎ》を刺《さ》します。「『この人はフォロワー多いからつるむ』とかって言っちゃう人は沈《しず》めたーい♡」。数字はその人そのものじゃないからです。あくまで「自分のことを伝えたり、夢を叶《かな》えたりするためのツール」として、数字と適切な距離を置くことをすすめています。

ＳＮＳで目立つと必ずついてくるアンチコメントについては、「ほんと独特な暇《ひま》つぶしおつかれさまです」とさらっとスルー。身近な人からの悪口も、「これいじめじゃんって状況になったときには、あっさり弁護士案件にしちゃおー」「それでもらった賠償《ばいしょう》金で、自分の夢とかやりたいこととやっちゃお」と、あくまで前向きに対処《たいしょ》法を教えてくれます。といって、暗くなることも否定しません。「暗いとこなかったら一生光れないんだから私と一緒にどんどん病んでいこ」。でもずっと一つのことに悩まないこと。「どうせ次の闇《やみ》がくるからすぐ行ったほうがいいの。『はい次の闇、はい次の闇こんにちは』ってファクトリー化しながら進んでいかないと追いつかない。闇の2個持ち3個持ちとかしんどすぎるから、手放していかないとね」。

独特な語彙《ごい》で全肯定してくれる本書を読めば、自己嫌悪《けんお》が消え失せて、ポジティブな気持ちになれるかもしれません。

もう１冊！

辛酸《しんさん》なめ子『大人のコミュニケーション術――渡る世間は罠《わな》だらけ』（光文社新書、２０１６年刊）

自称「コミュ力偏差値42」の著者が、セレブの集うパーティからＳＮＳまでさまざまな社交の現場を観察。同級生の名前を忘れないために卒業アルバムで「同窓生カルタ」を自作する著者の努力に圧倒されつつ、Instagram の項目では承認欲求と友情とのバランスの取り方について考えさせられます。

悪気はないのに
他人の地雷《じらい》を踏《ふ》んでしまう。

おすすめ本

『ぼくはイエローでホワイトで、ちょっとブルー』
ブレイディみかこ／著
新潮社　2019年刊

多数派に属していれば意識せずに生きられても、少数派には重くのしかかるのが、アイデンティティの問題です。日本で生まれたのに「ガイジン」扱《あつか》いに傷つく異国ルーツの人もいれば、「お前らホモか！」というツッコミにひっそり胸を痛める同性愛者もいます。自分は差別とは無縁《むえん》だと思っていても、悪気のない一言が、少数派を追い詰《つ》めてしまうことは多々あります。「自分が言われていやなことは他人に言うのはやめましょう」という共感ありきの道徳では、解決できない問題です。

いちいち「傷ついた」と言われるのはめんどくさいから、似たような人だけでつるんでいよう、という考え方もあるかもしれません。髪型や制服など見た目をそろえることを重んじる日本の学校教育の中では、異なる人を排除する圧力も強まりがちです。でも、それで本当の解決になるのか、という問題提起をしているのが、『ぼくはイエローでホワイトで、ちょっとブルー』（ブレイディみかこ）です。

本書は日本人の母とアイルランド人の父を持つ「イエローでホワイトな」少年が入学したイギリスの公立中学でのできごとを母の視点から綴《つづ》ったエッセイです。貧しい地域の中学に通う子どもたちは、人種も家庭環境もさまざま。他人の地雷を踏む言動は日常茶飯事で、少年の周りではいざこざが絶えません。

「多様性ってやつは物事をややこしくするし、喧嘩《けんか》や衝突《しょうとつ》が絶えないし、そりゃないほうが楽よ」と言う母に、それならどうして多様性がいいことだとされるのかと息子は問いかけます。母の答えはこうです。

「楽ばっかりしてると、無知になるから。」

無知の象徴《しょうちょう》ともいえるのが、母子が日本の料理店で遭遇《そうぐう》した酔《よ》っぱらいの中年男性。部下を引き連れ、アジアへの差別発言を連発し、ニヤニヤしながら「どうせお前は自分が何を言われようのかわからんのやろ」と少年に嫌味《いやみ》を浴びせる彼は、よくいる日本の中高年に過ぎないのかもしれません。けれども彼の言動の醜悪《しゅうあく》さは、多様性のない集団で「楽ばっかり」するとどうなるかを、端的《たんてき》に示しているといえるでしょう。

多様性の中で生きるために必要な力として本書に登場するのが、「エンパシー」という概念《がいねん》です。著者によれば、「シンパシー」がかわいそうな人への同情や近しい人への共感なら、エンパシーは「自分と違《ちが》う理念や信念を持つ人や、別にかわいそうだとは思えない立場の人々が何を考えているのだろうと想像する力」と定義されます。少年は学校のテストでエンパシーについて聞かれ、「自分で誰かの靴《くつ》を履《は》いてみること」と表現しました。この言葉通り、ぶつかり合っていた少年たちは、演劇やバンド活動を通じて他人の状況《じょうきょう》を想像する力を育み、たくましく成長していきます。地雷を踏むこと自体は仕方がない。重要なのは、「悪気はなかったから自分は悪くない」と逃《に》げずに、相手の価値観を知ろうとし、尊重することなのです。

もう1冊！

星野ルネ『まんが　アフリカ少年が日本で育った結果』（毎日新聞出版、２０１８年刊）

関西育ちなのに、アフリカ系であることから否応なしに注目を浴びてきた著者。悪気はないけどマジョリティ側がやらかしがちなふるまいへのツッコミに笑いつつ、「人間は一人ひとり違うのに、全員が同じでなければならないって教育は正しいのかな？」といった言葉にハッとさせられます。

「ブスが調子乗ってる」と思われるのが怖《こわ》くて何事も積極的になれない。

おすすめ本

『きりこについて』

西加奈子／著

角川文庫　2011年刊

世界14か国の10～17歳女子を対象としたとある調査[注]によれば、日本の少女の実に93％が、自分の容姿に「自信がない」と答えたそうです（14か国平均は54％）。美少女コンテンツがあふれる日本ですが、反面、狭《せま》い美の基準から外れた少女に冷たく、自信が奪《うば》われやすい社会でもあります。

いったい私たちは、なんだって顔のパーツの配置程度のことでかくも評価を左右され、それに甘《あま》んじて生きなければならないのでしょう。猫《ねこ》はどんな顔でもかわいく、気高く生きているのに……。

「きりこは、ぶすである」という衝撃《しょうげき》的な一文から始まる小説『きりこについて』（西加奈子）は、インパクトのある容姿をもって生まれたきりこと、爆撃《ばくげき》後の街のようなきりこの歯並びを愛する天文学的に賢《かしこ》い飼い猫「ラムセス2世」の物語です。

両親から溺愛《できあい》されていたきりこは、自分が可愛いことを疑わず、大好きなフリフリの服を着て堂々と生きていました。しかし思春期に入ると、クラスの男子たちはきりこを容赦《ようしゃ》なく「ぶす」といじめ、女子は彼女を疎《うと》んじるようになります。鏡とにらめっこの末、自分がみんなにとってぶすであることを受け止めたきりこは、学校に行けなくなってしまいました。話し相手は、ラムセス2世と近所の猫たちだけ。人間界でぶすであるかどうかは、賢い猫たちにはどうでもいいことだからです。

とことん悲しみ、引きこもり続けたきりこは、他者の悲しみを感知する能力を身につけていました。性欲に忠実に生きようとして世間からつまはじきにされた美しい女の子を助けるため、きりこは動き出します。彼女を勇気づけようと発した「自分のしたいことを、叶《かな》えてあげるんは、自分しかおらん」という言葉は、きりこ自身をも解放しました。「ぶすやのに、あんな服着て」なんて言葉に屈《くつ》する必要はなかったと。

誰《だれ》におかしいと言われても、誰かは自分ではないのだから、気にする必要はない。そう誓《ちか》い合った二人は、画期的なＡＶ制作事業に乗り出しました。中身も容れ物も経験もひっくるめて、自分は自分。きりこはようやく心からそう思える境地に達していました。きりこのまるごと肯定《こうてい》する力によって、傷ついた人々も再生していきます。きりこはラムセス2世に、自分がぶすでよかったと打ち明けました。そうでなかったら、ずっと人を可愛いかどうかで判断していただろうから。

他人にどう見られるかを気にせずにいるのは、猫ならぬ人類には難しいことです。それでも自分が本当にしたいことを見つめ、それを叶えることを最優先に生きれば、少しは猫の偉《い》大《だい》さに近づけるかもしれません。

（注）「ダヴによる少女たちの美と自己肯定感に関する世界調査レポート」（ダヴ、２０１７年）

もう１冊！

嶽本《たけもと》野ばら『下妻物語――ヤンキーちゃんとロリータちゃん』（小学館文庫、２００４年刊）

田舎町で孤《こ》高《こう》のロリータファッションを貫《つら》く桃子《ももこ》と、おバカでまっすぐな暴走族のイチゴ。世間体より自分の美意識に忠実に生きる二人の最高で最強な友情物語です。

性器の形が人と
違《ちが》っているのではないかと心配です。

おすすめ本

『禁断の果実
――女性の身体と性のタブー』
リーヴ・ストロームクヴィスト／著
相川千尋／訳
花伝社　2018年刊

バラエティ番組で、男性芸人が相方の金玉の大きさを「モモンガのように広げて飛べる」と形容して笑いを取っていました。もちろんジョークですが、ふと「女性芸人も同じジョークを言えるだろうか？」と考えてしまいました。小陰唇《しょういんしん》を広げて空を飛ぶ……笑いどころか、客席がひいていく様子が目に浮《う》かぶようです。

学校で習う性教育でも、卵巣や子宮はともかく、体外にある女性器（いわゆる外陰《がいいん》部）について詳述《しょうじゅつ》されることはほとんどありません。マンガやエロ本でも同様です。このため、自分の性器は人と違うのでは？といった悩《なや》みを抱《かか》える女性は少なくないようです。

なぜ男性の性器はお笑いのネタになるのに、女性の性器はタブー視されてしまうのか。このような女性の性にまつわるタブーが生まれた歴史を、スウェーデンの女性マンガ家がコミック形式で笑いを交えて解き明かしているのが、『禁断の果実』（リーヴ・ストロームクヴィスト）です。

本書を読んでまず驚《おどろ》くのが、古代の人々が、女性の外陰部をあけっぴろげに表現していたということ。なにしろケルト神話には、小陰唇が膝《ひざ》の下まである女神がいるのですから。さらに中世までのイギリスやアイルランドでは、あちこちの教会や修道院で股間《こかん》を広げた女性の像が見られたそうです（気になる人は「シーラ・ナ・ギグ」でネット検索《けんさく》してみてください）。そういえば日本の『古事記』にも、外陰部を見せて笑いを取る芸能の女神アマノウズメがいましたね。

ところが男性が権力を握《にぎ》る社会構造が発展するにつれ、女性の身体はいかがわしいものとされるようになっていきます。中世の魔女《まじょ》裁判では、クリトリスが魔女の証拠扱いされるまでになってしまいました。

生理についても同様です。旧石器時代はタブーどころか、「血が出てるのに苦しんでないなんてすごい」と生理が神聖視されていたのだとか。

こうした随所《ずいしょ》に盛り込《こ》まれた学術的研究の面白さもさることながら、本書が痛快なのは、女性のセクシュアリティのタブー視に加担してきた歴史上の「女性器に興味を持ちすぎた男たち」に鋭《するど》いツッコミをいれていくところ（「コーンフレーク」を発明したケロッグ博士も、とんでもないことを言っています）。思い込みが激しすぎる人たちのでたらめさを笑えれば、自分の身体がどうであれ、恥ずかしいのはあちらであってこちらではないのだ、と力強い気持ちになれそうです。

もう1冊！

エレン・ストッケン・ダール、ニナ・ブロックマン『世界中の女子が読んだ！　からだと性の教科書』（池田真紀子訳、高橋幸子医療監修、NHK出版、2019年刊）

ノルウェーの女性医師二人が医学生時代に開設した人気ブログ、その名も「性器」を書籍化。処女膜《まく》やクリトリスの形状から、月経、おりもの、避《ひ》妊《にん》法、性欲、性感染症などのトラブルまで、学校では教わらない性についての医学的知識が学べます。

体重が気になって、
食べることに罪悪感があります。

おすすめ本

『ダイエット幻《げん》想《そう》
――やせること、愛されること』
磯野《いその》真穂／著
ちくまプリマー新書　２０１９年刊

子供の頃《ころ》は体型なんて気にせず食べたいものを食べて、友だちと仲良く遊んでいたのに、いつの頃から友だちと自分の体型を比べたり、男子から品評《ひんぴょう》されて落ち込《こ》んだりするようになり、自由に食べられなくなってしまう。「外見よりも中身よ」「子どものうちは食事制限したら体を壊《こわ》すよ」と大人は言うけれど、日本の女の子が「やせたい」という気持ちから逃れるのは難しい。何しろ、アイドルも雑誌モデルもアニメキャラも、魅力的とされている女の子は、みんなやせているのですから。

『ダイエット幻想』（磯野真穂）は、文化人類学の観点から、「やせ」願望との付き合い方を教えてくれる本です。著者によれば、日本は特に「やせ」の基準が厳しい国です。統計上《とうけいじょう》最も健康的で病気が少ないとされる健康体重はＢＭＩ22ですが、美容界で理想とされる「シンデレラ体重」は、ＢＭＩにすると18程度しかありません。日本では医学的に「やせすぎ」の範疇《はんちゅう》に入らないと、スタイルがいいとはみなされないのです。

著者はこうした日本の女の子の極端《きょくたん》な「やせ」願望は、文化的に作られたものであると指摘します。比較《ひかく》対象となるのは、昔の中国の風習である「纏足《てんそく》」です。幼児期から女性の足に布を巻き、激痛に耐《た》えさせながら成長を止めるこの風習は、いかにも非合理的に見えます。ところが当時の女性たちは纏足こそが美しく、条件の良い結婚に結びつくと刷《す》り込まれていたため、この風習はなかなか途絶《とだ》えなかったといいます。現代日本の「やせ」願望も、社会に作られたものという点で、そう違いはありません。

「やせたい」の根っこにあるもの、それは承認欲求《しょうにんよっきゅう》だと著者は分析《ぶんせき》します。選ばれたい、褒《ほ》められたいという気持ちは、多くの人が自然に持つものです。やせた女性に価値が置かれている社会でやせれば、「かわいくなったね」と褒められ、友人関係が向上し、恋《こい》人《びと》までできて自信がつく。いいことずくめです。

問題は、その自信は他者の好みに依存《いぞん》しているために、不安定だということ。選ばれることを目的とすると、際限のない「やせ合戦」に陥《おちい》ったり、太っているのにモテている女性が許せなくなったりするかもしれません。だからといって、人の目を気にせず「ありのままの自分」でいるだけでは、承認欲求は満たされません。

著者はこのジレンマを解決するために、「自分を点ではなく、ラインを描き続ける存在として捉《とら》えること」を提案しています。体重や偏差値《へんさち》などの数字にではなく、他者との関わりの中に自分らしさを見出し、一緒《いっしょ》にラインを描いてくれる他者と出会うこと。

それが具体的にどういうことなのかは、本書を読んで確認してください。

もう1冊！

前野ウルド浩太《こうた》郎《ろう》『バッタを倒《たお》しにアフリカへ』（光文社新書、２０１７年刊）

若きバッタ研究者の奮闘《ふんとう》記ですが、異文化モノとしても読みごたえあり。少女向け肥満合宿があるほど太った女性が美しいとされる地で、現地人女性が娘《むすめ》に暴力をふるって大食いさせるエピソードは、美意識が絶対的なものではないことを教えてくれます。

毛深いのが悩みです。

おすすめ本

『キュロテ
――世界の偉《い》大《だい》な15人の女性たち』
ペネロープ・バジュー／著
関澄かおる／訳
DU BOOKS　2017年刊

「女性が体毛ふさふさなのはありえない」とばかりに、いたるところに脱毛《だつもう》の広告があふれています。犬やアルパカは体毛ふさふさでもかわいがられるのに、人間の女性として生きるのはなんと大変なことか、とため息をつきそうになります。

でも、なぜ女だけがつるすべ肌でなければならないのか。女だって毛根細胞《さいぼう》に思いきり仕事をしてもらってもいいのでは？　そんなふうに思えてくるのが、古今東西のすごい女性たちをマンガ形式で紹介する『キュロテ』（ペネロープ・バジュー）です。

フランスの新聞連載をまとめたものですが、扱われるのは教科書に載るようないわゆる偉人ではありません。たとえば冒頭に登場する〝ヒゲの女主人〟こと、クレモンティーヌ・ドゥレ（１８６５-１９３９）。年ごろになるとヒゲがふさふさ生えてきた多毛症《しょう》のクレモンティーヌは、当初こそ人目を気にしてヒゲ剃《そ》りを習慣づけていましたが、サーカスでもてはやされていたヒゲ女を目にして一念発起。「これからはぜったいにヒゲを剃らない！」と決意し、「ヒゲ女のカフェ」をオープンさせます。たちまち話題を呼んでセレブになったクレモンティーヌはブロマイドもバカ売れし、第一次世界大戦では前線兵士のアイドル的な存在に……。女らしさの対極にありそうな「ヒゲ」を武器とすることで、人生の大半を楽しく過ごした女性なのです。

また、オーディションで「鼻を直したまえ！」と言われるくらい特徴《とくちょう》的な鼻の持ち主だった女優のマーガレット・ハミルトン（1902-1985）。けれど彼女は素直に整形したりはしませんでした。大ヒット映画『オズの魔《ま》法《ほう》使《つか》い』で魔女を演じたことで、怖《こわ》い役なら右に出る者なし、という地位を確立したのです。

このほか、女性の医療行為《いりょうこうい》が禁じられていた古代ギリシャで、出産で命を落とす女性たちを救うためにエジプトで医学を学び、男装して婦人科医となったハグノーディケー。女性が肌《はだ》を見せることが悪徳視されていた20世紀初頭の欧米《おうべい》で、わいせつ容疑で逮捕《たいほ》されながらも体にフィットした女性用水着を開発し、女性たちが水泳を楽しめるよう導いた水泳選手アネット・ケラーマン。いずれも当時の「女らしさ」から逸脱《いつだつ》しながらも、女性の新しい道を切り開いた女性たちばかりです。そんな彼女たちの生きざまを見れば、ムダ毛ごときで嫌《きら》う奴なんかほっといて、自分の人生を生きようという気持ちになれます。

もう1冊！

カレー沢薫《かおる》『負ける技術』（講談社文庫、2015年刊）

「なぜ自分はモテないのか思いつくだけでも理由は2兆個ほどあるが、あえてふたつにしぼるなら顔と性格、つまり全部である」という女性マンガ家の意識低い系エッセイ集。幼児期から毛深かったことを「山賊《さんぞく》みたいな毛が生えていた」「毛界の神童」、自分の前髪を「どんなにブラシをかけてもデカいひじきが額に張り付いているように見えるという、きわめて芸術点が低いクセ毛」「食欲が湧《わ》かない海の幸」と喩《たと》える言葉のセンスのすごさで笑ううちに、悩みが軽くなるかもしれません。

恋《こい》人《びと》に愛されてないのかと
いつも不安です。

おすすめ本

『愛するということ』
エーリッヒ・フロム／著
鈴木晶／訳
紀伊國屋書店　2020年刊
（日本語初版は1959年刊）

アイラブユーの言葉なんかじゃ足りないキスをしたり、握《にぎ》りしめた手をはなすことなく永遠誓《ちか》ったりするような歌の世界の大恋愛《れんあい》に比べると、実際の恋愛は地味だと感じることもあるでしょう。雑誌の愛されテクを実践《じっせん》しても恋人からの反応は薄《うす》いし、好き好きアピールもスルーされてしまう。もっと愛されてる実感がほしい！

そんな「愛され」不安を抱《かか》えている人におすすめしたいのが、1950年代に愛の本質を分析して世界的ベストセラーになった『愛するということ』（エーリッヒ・フロム）です。

本書の原題は"The Art of Loving"（愛する技術）。愛される技術ならわかるけど、愛する技術って？　愛って一目見た瞬間《しゅんかん》からキュンと芽生える自然な感情なんじゃないの？と思われる人もいるかもしれません。ですが本書は、愛することこそ技術が必要なのだと謳《うた》ったことで、世界中の人々に衝撃《しょうげき》を与えたのです。

心理学者である著者は、人間はみな孤独《こどく》を恐《おそ》れており、孤独の恐怖《きょうふ》から逃《のが》れるために他者と一体化したいという強い欲求を抱えていると考えました。一体化の究極の形が「恋愛」なのは言うまでもありません。しかし資本主義社会では、「あの人に愛されるには女子力をアップしてかわいくならなくちゃ」「自分と釣《つ》り合うレベルの高い相手とじゃないとムリ」というように、相手と自分を無意識のうちに値踏《ぶ》みし、あたかも商品を買うように（あるいは偏差値で学校を選ぶように）条件に合った相手を見つくろうことも少なくありません。そうして条件にかなった理想の相手なら、大恋愛ができるはずだと思ってしまいがちです。

　ところが愛されテクニックを駆使《くし》して、理想と思える相手とつきあえたところで、しょせん相手は生身の人間です。こちらの思い通りには動いてくれません。常に愛されていることを確認し、二人で一つになる陶酔《とうすい》に浸《ひた》りたい、という願望は、ほとんどの場合失望に終わります。こうした「愛され」不安から逃れるには、フロムの説く「愛する技術」を身につけるしかないようです。

　ではどうすれば、人を愛する技術を身につけられるのか。その前提条件として、フロムが挙げるのは「一人でいられる能力」です。自分がしていることに集中し、全身で現在を生き、内なる声に耳を傾《かたむ》ける。自分の感情を冷静に観察し、客観性と理性を身につけてはじめて、他者を正しく「信じる」ことができるようになるとフロムは述べます。

「みんながいい人だと言っているから」「人気者だから」とやみくもに相手を信じるのではなく、それまで培《つちか》った自分自身の思考力・観察力・判断力や経験に基づいた信念によって信じること。さらに勇気を出して一歩踏《ふ》み出し、信じた相手にすべてを賭《か》けてみること。これがフロムの説く「愛する技術」です。

恋人に重たいＬＩＮＥを送りそうになったら、本書を手に取ってみてください。

もう1冊！

R・D・レイン『好き？好き？大好き？――対話と詩のあそび』（村上光彦訳、みすず書房、1978年刊）

アニメ『新世紀エヴァンゲリオン』など多くの作品で引用されてきた精神科医による詩集。「わたしの眉毛《まゆげ》　好き？」「どっちのほうが好き？」などとしつこく恋人を問い詰《つ》めて愛を確認しようとする女性を描いた表題作は、恋で病みそうな自分を客観視するきっかけになるかも。

いまだにおばけや雷《かみなり》が怖《こわ》いです。

おすすめ本

『科学と科学者のはなし
――寺田寅彦《とらひこ》エッセイ集』

寺田寅彦／著　池内了／編

岩波少年文庫　2000年刊

怖がりの人は、科学者に向いている。そう請《う》け合うのは、明治時代から戦前にかけて物理学者として活躍《かつやく》した寺田寅彦です。夏目漱石の門下で、文才にも恵まれていた寺田寅彦は、多くの科学エッセイを残しました。その中から現代の中高生にも読みやすい楽しいエッセイを厳選したのが、『科学と科学者のはなし』です。

子どものころから臆病《おくびょう》者だったという著者は、「怖がり」にまつわるエッセイをいくつか執筆しています（本書は「化け物の進化」「こわいものの征服《せいふく》」「人魂《ひとだま》の一つの場合」を収録）。これらのエッセイの中で繰り返し強調されるのが、怖がりだったのは科学者として幸運だったということです。

幼い著者がまず怖がったのは、雷でした。ところが学校で電気を学び、自分で電気の実験を始めてからは、まさに怖いものみたさで雷に夢中になります。研究所に入り、空中放電現象を研究対象に選んだのもそのため。得体のしれないものへの恐怖《きょうふ》が、得体を知りたい！という知的好奇心に変化したいい例です。

同じように地震も怖かった著者は、恐怖を克服《こくふく》するため、地震の研究に努めました。地震に遭遇《そうぐう》しても、初期微動《びどう》（P波）と主要動（S波）を観察すれば地震の程度と対処法がわかることをつきとめた著者は、関東大震災のときでさえ、喫茶《きっさ》店で紅茶をたしなみながら落ち着いて地震を観察したそうです。

　そして著者が最も怖がり、終生愛したのは、近所の老人や友達が話してくれた化けものの話でした。「化け物教育」をたっぷり浴びた著者は、樹のかげ、路地の奥、橋のたもとなどあらゆる場所に、ひっそり生息する化けものの幻影《げんえい》を感じながら子ども時代を過ごすことができました。日常世界のかなたには、常識では計り知れない奇《き》怪《かい》な存在や、不思議な世界がある。そうした神秘への畏《おそ》れとあこがれはいつしか、自然を支配する物理法則を解き明かそうとする科学者精神へと発展してゆきました。逆に、化け物を恐れることを知らない人が科学者になっても、たいした仕事はできそうもないと著者は述べます。

　金平糖《こんぺいとう》のツノの数がどれも同じである不思議から生命の起源までさかのぼり、線香花火の火玉の移ろいに物理学と音楽を見出し、電線に止まっているとんぼの向きの統計解《かい》析《せき》から世界を平和にする道を考える。本書に収録された詩的な科学エッセイの数々を読めば、自然界の怪異《かいい》におびえられる想像力豊かな人のほうが、世界を味わい尽《つ》くす術《すべ》に長《た》けていることを実感できます。

もう１冊！

中谷《なかや》宇《う》吉郎《きちろう》『中谷宇吉郎　雪を作る話』（平凡社、２０１６年刊）

寺田寅彦の弟子で、世界で初めて人工的に雪の結晶を作り出すことに成功した物理学者のエッセイ集。幼い頃に聞いた蛇《へび》の怪談が自らの科学の母胎だと語るエッセイ「簪《かんざし》を挿した蛇」で、迷信や怪異《かいい》譚《たん》の教育的意義を唱えています。

推《お》しが尊すぎてつらい。

おすすめ本

「春のしらべ」
（『ムーミン谷の仲間たち』所収）
トーベ・ヤンソン／著
山室静／訳
講談社文庫　2011年刊

推しがいることで毎日に彩《いろど》りが生まれ、生きる燃料となっている人も多いと思います。でもテスト期間なのに推しのことしか考えられない、お小遣《こづか》いを全部推しに貢《みつ》いでもまだ足りないと感じる、推しが輝《かがや》きすぎて自分のみじめさに耐《た》えられない……等々、日常生活に支障《ししょう》をきたすレベルまで尊みがあふれてしまう場合は、『ムーミン谷の仲間たち』（トーベ・ヤンソン）のスナフキンの言葉で立ち止まってみてはいかがでしょうか。

自由と音楽を愛する孤高《ここう》の旅人であるスナフキンは、ムーミン谷に住む小さな生き物たちにとってあこがれの存在です。いつものように、スナフキンが小川のそばでひとり新曲の構想を練っていると、どこからか熱い目線を感じます。「へーイ、あんたにあえてとてもうれしいよ」。

声の主は、スナフキンの熱狂《ねつきょう》的ファンである「はい虫《むし》」でした。降ってきたアイデアを台無しにされたスナフキンはムッとしますが、はい虫はおかまいなしにうれしさで奇声をあげます。相手の気持ちを無視して突《つ》っ走るファンに苛立《いらだ》ったスナフキンは、思わずこんな言葉を吐《は》くのでした。

「あんまりおまえさんがだれかを崇拝《すうはい》したら、ほんとの自由はえられないんだぜ」

はい虫がこれほどスナフキンに夢中になるのは、名前さえつけてもらえないほど周囲に存在を無視されてきたから。自信を持てない〝ぼっち〟の彼にとって、一人でも自由に音楽や旅を楽しんで生きているスナフキンは、なりたい自分そのものだったのです。かわいそうに思ったスナフキンは、彼に「ティーティ＝ウー」という名前を付けてあげました。

翌日、ティーティ＝ウーはスナフキンに、母親の家を出て一人暮らしをする決心をしたと告げます。遠くの推しを夢見るばかりで身近なできごとに関心を持てなかった彼は、名前を得て「一個の人格」になったことで、「できごとはすべて、なにかの意味をもつ」ようになったと言うのです。「だって、それはただおこるんじゃなくて、ぼく、ティーティ＝ウーにおこるんですからね」。

過剰《かじょう》な崇拝をやめ、自分の人生で忙しくなったティーティ＝ウーを見て、スナフキンもホッとします。自由と独立のすばらしさを改めてかみしめたスナフキンのもとに、新曲のアイデアが再び舞《ま》い降りるのでした。

誰だって、他人から全人生を乗っけられて推されるのは重たいもの。推しに良い仕事をしてもらうためにも、自分の人生の主人公は自分であるということはゆめゆめ忘れないようにしましょう。

もう1冊！

トーベ・ヤンソン『ムーミン谷の彗星《すいせい》』（下村隆一訳、講談社文庫、2011年刊）

きれいな石を持ち帰れずに泣くスニフに投げかけたスナフキンの言葉「ぼくは、見るだけにしてるんだ」「それを頭の中へしまっておくのさ」は、推しに貢ぎすぎそうなときに心の中で唱えたい金言です。

グロいものに惹《ひ》かれる自分は
中二病でイタい？

おすすめ本

『オーダーメイド殺人クラブ』

辻村《つじむら》深月／著

集英社文庫　2015年刊

子どもから大人へと変わる時期に、それまで自分を取り巻いていた健全な価値観の外にある世界に憧《あこが》れ、特別な存在として扱《あつか》われたいと願うことは、誰《だれ》もが通る思春期の1ページです。でも「中二病」という言葉が広まったことで、他人と差別化する行為《こうい》がすべて「イタい」と意味づけされてしまい、ピュアに思春期をやりづらくなった感は否めません。

辻村深月の小説『オーダーメイド殺人クラブ』は、中学二年生という時期に誰よりも強烈《きょうれつ》に「中二病」に罹《り》患《かん》した女の子と男の子の、一風変わった青春物語です。

主人公の小林アンは、バスケ部所属の〝リア充《じゅう》女子〟です。一見、中二病とは無縁そうに見えるアンには、強い閉塞《へいそく》感がありました。恋愛や芸能人のことしか頭にないつまらない女友達、ささいなことで仲間外れにされる女子の人間関係、気分次第でひいきしたり嫌がらせしたりする男性教師、『赤毛のアン』の世界を押《お》し付けてくる母親。周囲は退屈《たいくつ》な人ばかりで、誰も自分を理解してくれないと感じていたのです。

アンが自分自身でいられるのは、自室の中だけでした。ひっそり集めている少年少女の殺傷事件や自殺の記事のスクラップを眺《なが》めていると、平和で平凡《へいぼん》な周囲とは違《ちが》う、透《とう》明《めい》な空気を感じることができたからです。そんな自分は、特別な存在に憧《あこが》れる、いわゆる「中二病」であることも自覚しています。

普《ふ》通《つう》の中学生が特別な存在になる方法。それは、世間を騒《さわ》がせる事件の被《ひ》害《がい》者として死ぬこと。死ねば、机の中を盗《ぬす》み見した母も自分の愚《おろ》かさを思い知るし、いじわるな女友達も後悔《こうかい》するだろう。それを想像するのは楽しいことでした。

ある日アンは、同じクラスの地味な男子が、河原で小動物めいたものを踏《ふ》みつける現場を目撃《もくげき》します。彼は退廃《たいはい》的な絵画「魔界《まかい》の晩餐《ばんさん》」を描いた美術部の徳川でした。サイコパスっぽい徳川こそが少年A役にふさわしいと感じたアンは、自分の殺害を依頼《いらい》します。人々の記憶に永くとどまるドラマチックな殺人事件の被害者と加害者という特別な存在になるため、「悲劇《ひげき》の記憶《きおく》」と名付けた計画を立てる二人。いつか殺されることを救いにして、アンはつらい中学生活を生き延びます。

非現実的な死に惹《ひ》かれながら、学校生活のささいなできごとにとらわれる二人のトボけた痛々しさがどこかユーモラスで、それでいて爽《さわ》やかですらある。きめ細やかな思春期描写《びょうしゃ》に定評のある著者の筆致《ひっち》に、救われる人もきっと多いはず。「イタい」からこそ切実で愛おしい、そんな中二病という季節の美しさをかみしめたい人におすすめです。

もう1冊！

夢野久作『ドグラ・マグラ』（上下巻、角川文庫、1976年刊。初版は松柏館書店より1935年刊）

精神病科の独房《どくぼう》、叫《さけ》ぶ狂少女、胎児《たいじ》の夢……戦前に刊行された日本三大奇《き》書《しょ》の一冊で、今も若者の心をとらえ続ける「中二病」の古典です。

Ⅱ

友だちに モヤモヤしたとき

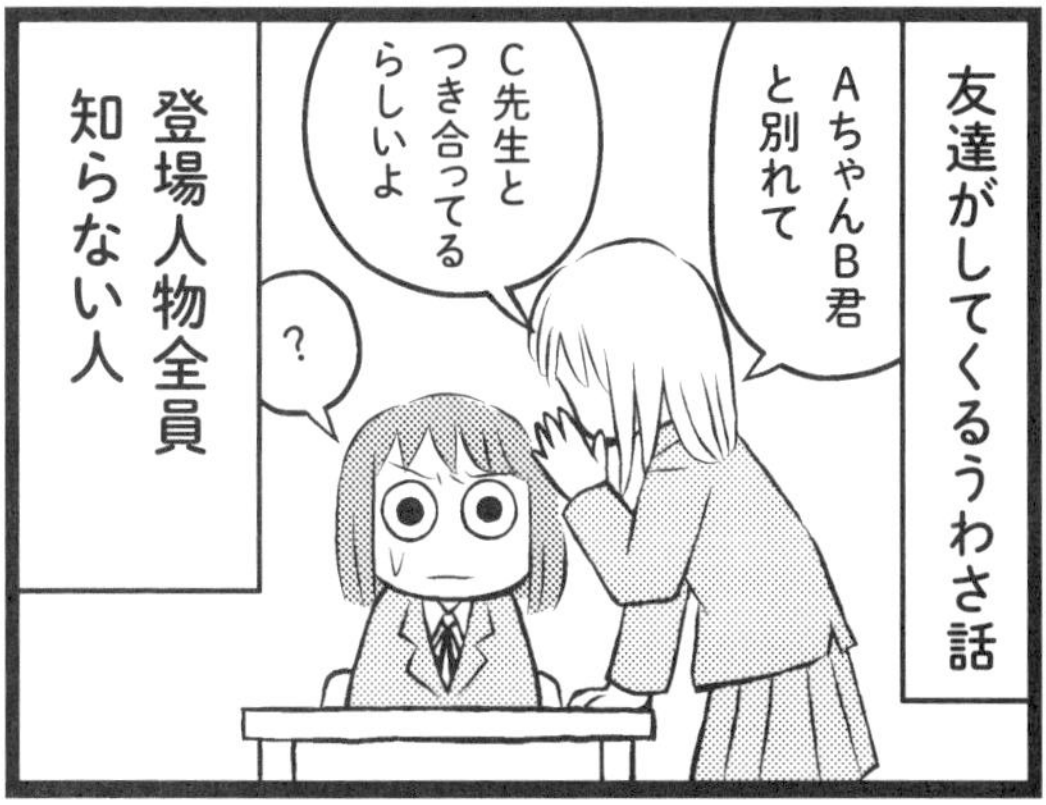

男と女の前で態度が違《ちが》う女子が嫌《きら》い。

おすすめ本

『風と共に去りぬ』（全6巻）
マーガレット・ミッチェル／著
荒このみ／訳
岩波文庫　2015年～2016年刊

友情よりもモテを優先する女子はいつの時代も嫌われるものですが、そんな「女から嫌われる女」を主人公に据《す》えてなお名作と名高い小説が、『風と共に去りぬ』（マーガレット・ミッチェル）です。

19世紀アメリカ南部の裕福《ゆうふく》な農場主の娘《むすめ》であるスカーレット・オハラは、16歳にしてすべてのパーティで中心にいないと気が済まないセンター気質の女の子に育ちます。男の子にちやほやされることしか頭になく、胸元のあいたドレスで巨乳をアピールし、小《こ》悪魔《あくま》テクを駆使《くし》して彼女がいる男の子まで虜《とりこ》にします。当然、周囲の女子からは総スカンをくらい、女友達は皆無です。

パーティのたびにいろいろな男の子と淡《あわ》い恋《こい》を重ねるスカーレットには、幼馴染《おさななじみ》の本命がいました。アシュリー・ウィルクス。パリピな自分や周りの男の子たちとは全く違う、知的で物静かな美青年です。彼のする話は難しすぎてわからないけど、スカーレットにはそれもまた魅力《みりょく》的に感じられました。彼だって絶対、美しい私のことが好きなはず。

ところがアシュリーが結婚《けっこん》相手に選んだのは、地味で目立たないメラニー・ハミルトンでした。つつましやかで教養にあふれ、あらゆる人のいいところを見つけてほめたたえる彼女は、非の打ちどころのないいい子ちゃん。自分とは正反対の女の子に本命を奪《うば》われ、スカーレットは怒りと絶望で泣きぬれます。

　スカーレットは当てつけのようにメラニーの兄と結婚しますが、その後南北戦争が勃発《ぼっぱつ》。結婚からわずか2週間で出征し、2か月後に戦地で病気で死亡。スカーレットは17歳にして寡婦《かふ》になってしまいました。憧《あこが》れのアシュリーも出征し、メラニーとともに傷病兵の看護奉仕《ほうし》に追われる日々が始まります。メラニーへの嫉妬《しっと》、パーティガールになれない悲しみ、看護のつらさで鬱々《うつうつ》とするスカーレット。それでもメラニーのもとを去れないのは、一度だけキスしてくれたあの日、アシュリーにメラニーの面倒《めんどう》を見るように頼《たの》まれたからです。そんな彼女の気も知らず、妊娠《にんしん》中のメラニーはスカーレットを実の姉のように慕《した》い、頼《たよ》りにします。アシュリーの安否に二人で一喜《いっき》一憂《いちゆう》し、戦火をともにくぐりぬけるうちに、二人の間に奇妙《きみょう》な友情が芽生え始めるのでした。

　最初は「クソ女やんけ！」としか思えないのに、読み進めていくにつれだんだんヒロインのことが好きになってしまうのが、名作の名作たるゆえん。飢《う》えたくない一心で厳しい戦後をがむしゃらに生き抜《ぬ》き、家族を守ることができたのも、欲望にまっすぐなエゴイストなればこそでしょう。大長編を読み終えたあとは、モテに貪欲《どんよく》なあの子のことも、違《ちが》った目で見られるようになるかもしれません。

もう1冊！

平野啓一郎『私とは何か――「個人」から「分人《ぶんじん》」へ』（講談社現代新書、２０１２年）

「ぶりっこ」は嫌われるとはいえ、家庭や学校、ＳＮＳなどの場に応じて人格を使い分けるのは、誰もが自然にやっていることです。人格は他者の個性と調和しようとする中で生まれるものだから、対人関係ごとに人格がバラバラであるのは当たり前。そうした多種多様な人格（＝「分人」）の集合体こそが、自分であるという考え方を示しているのが本書です。常に首《しゅ》尾《び》一貫《いっかん》した「本当の自分」であることを自分や他人に求めて苦しんでしまう人におすすめ。

クラスメイトの会話が
うわさ話や悪口ばかりでうんざり。

おすすめ本

『友達の数は何人？
――ダンバー数とつながりの進化心理学』
ロビン・ダンバー／著
藤井留美／訳
インターシフト　２０１１年刊

校内の恋愛沙汰《れんあいざた》から、クラスメイトの痛々しい言動、芸能人の不倫騒動《ふりんそうどう》まで、人が集まればうわさ話のネタは尽《つ》きないものです。とはいえ、「自分に関わり合いのないことで大騒《さわ》ぎしてバカみたい」という白けた気持ちが時折よぎるのも事実。そんなときは、『友達の数は何人？』（ロビン・ダンバー）を読んで、うわさ話について考察してみましょう。

サブタイトルにある「進化心理学」とは、人間の本性の多くは進化の過程で生物学的に適応した結果であるという観点から、人間の行動を読み解く学問です。一見くだらなく思える「うわさ話」だって、進化心理学にかかれば、人間の集団維持《いじ》に欠かせない重要な行動となります。

言葉を持たない猿《さる》が、毛づくろいでコミュニケーションを取り、親密な関係を築くことはよく知られています。ところが類人猿は人間に進化する過程で社会集団が大きくなり、一対一の毛づくろいが難しくなりました。そこで「遠隔《えんかく》毛づくろい」として登場してきたのが、「ゴシップ＝言語」だというのが、本書の著者であるダンバー氏の説です。つまり、人間はゴシップを伝えるために、言葉を獲得《かくとく》したというのです。

確かに集団を維持するためには、「あいつはどんぐり拾いさぼりがち」「あいつの兄はイノシシを捕まえるのがうまい」「あの子が子供産んだって」といった他人の情報は不可欠です。うわさ話というと俗《ぞく》っぽい人だけがするものという印象がありますが、実際は賢《かしこ》い人たちもうわさ話が大好きです（著者の調査によれば、大学の談話室でも会話の七〇％が人間関係や個人的な話で占《し》められていたそうです）。

うわさ話を持ちかけられたということは、相手はあなたを仲間だと認識し、その関係を維持したいと思っているということ。そう考えれば、うわさ話にも寛容《かんよう》になれるかもしれません。もちろん陰口《かげぐち》にうっかり便乗したりしたらのちのち厄介《やっかい》ですから、人類の進化について思いをはせながら適当にやり過ごすことをおすすめします。

本書はコラム集なので、「人間が人間関係を安定して維持できるのは大脳皮質の大きさからして１５０人程度であり、ほとんどの人のＳＮＳもその程度に収まる」「音楽は社会的集団の結束を強くする目的で生まれたもの」といった進化心理学の小ネタが読みやすくまとめられています。人間関係に疲《つか》れたら、進化心理学に触《ふ》れて、人類も動物にすぎないことを確認して癒《い》やされましょう。

もう１冊！

ロビン・ダンバー『ことばの起源――猿の毛づくろい、人のゴシップ』（松浦俊輔、服部清美訳、青土社、２０１６年刊）

こちらは同じ著者による「ゴシップ＝言語」論を深掘《ふかぼ》りした学術書。難しい文章を読むのが苦にならない人におすすめです。

今のグループから抜《ぬ》けたいけど、
お昼を一人で食べるのは怖《こわ》い。

おすすめ本

『「空気」を読んでも従わない
——生き苦しさからラクになる』
鴻上尚史《こうかみしょうじ》／著
岩波ジュニア新書　２０１９年刊

クラスの同じグループの子たちと気が合わなくて行事のたびにストレスがたまるけど、お弁当を一人で食べるのがいやだから抜けられない……という悩みは思春期女子あるあるです。大人に相談すれば、一人になればいいじゃない、とあっさり言われるでしょう。もちろん、それができれば悩みはしない。思春期女子にとって、教室内での一人ご飯は、社会的な死とすら感じられるくらいハードルの高いことです。一人で昼食を摂《と》ることで友達がいないかわいそうな人と思われるのが怖いという心理状況を、「ランチメイト症《しょう》候群《こうぐん》」と名付ける精神科医もいるくらいです。

なぜ私たちは集団から外れることを極端《きょくたん》に恐《おそ》れるのか。そうした息苦しさの背景に日本特有の「世間」があると見定め、息苦しさの正体を知ってそこから抜け出すヒントを与《あた》えてくれるのが、『「空気」を読んでも従わない』（鴻上尚史）です。

著者曰《いわ》く、日本的「世間」のルーツは、日本が一度も異民族に支配されたことがないまま、村で分業しながら農作業を続けてきたことにあるといいます。水をどう分配するか、けがや病気で働けない人の仕事を誰《だれ》が肩《かた》代わりするか、すべて村全体で考えなければなりません。水を独占《どくせん》しようとしたり、村の仕事を手伝わない人がいると、村全体が破滅《はめつ》しかねませんから、そういう人は村八分の憂《う》き目にあいます。昔の日本人は、同じ「世間」で一つになることで、生き延びてきたのです。

もちろん現代の私たちは、学校で仲間外れになったところで餓死《がし》したりはしません。それでも日本の学校の大半は生徒の制服から髪《かみ》の色まで同質に揃《そろ》え、みんなと同じでなければいけないという教育をし続けています。「世間」は「空気」という形に変わって、今でもクラスを支配しているのです。

著者はそうした「空気」に抗《あらが》う方法をいくつか伝授《でんじゅ》しています。その一つが、海外に行くこと。自分のおかれた「世間」の常識がたった一つの正解ではないということを実感すれば、気が楽になるからです。塾《じゅく》や習い事、ボランティアサークルなどの弱い「世間」に複数所属することも、そうした効果があるといいます。

身近な人とばかりやりとりしていたら「世間」を強めてしまうスマホも、「社会」とつながることに使うことができます。自分に合った本、映画、旅すべき街などの情報を得て、自分の世界を広げること。それも「世間」から自由になれる方法の一つだと著者は説きます。本は一人ランチのさびしさを埋《う》めてくれるツールにもなるでしょう。

もう1冊！

鴻上尚史『不死身の特攻兵――軍神はなぜ上官に反抗したか』（講談社現代新書、２０１７年刊）

お国のために死ねというすさまじい圧力に抗《あらが》い、９回出撃していずれも生《せい》還《かん》した強靭《きょうじん》な21歳の特攻兵の実話。同調圧力を吹《ふ》っ飛ばす勇気が湧《わ》いてきます。

クラスのみんながバカに思えて
孤立《こりつ》しています。

おすすめ本

「氷の海のガレオン」
（『氷の海のガレオン／オルタ』所収）
木《き》地《じ》雅《か》映《え》子《こ》／著
ポプラ文庫ピュアフル　２０１０年刊
（初版は講談社より１９９４年刊）

「自らを天才だと信じて疑わないひとりのむすめがありました。斉木《さいき》杉子《すぎこ》。十一歳。――わたしのことです」という書き出しが読者を選ぶヤングアダルトの伝説的名作、それが「氷の海のガレオン」（木地雅映子）です。自分以外みんなバカという気持ちを捨てきれず、教室に居場所がなくてもがいている女の子なら、刺《さ》さるものがあるかもしれません。

主人公の杉子は流行《はや》りものに興味がない小学六年生。自由人の両親が集めた自宅内図書室にある大人向けの本を読んでいる彼女は、同級生とまったく話が合いません。「おすぎばばあ」とからかってくる男子たちにも、読書と考えごとを好む杉子を「暗い」とバカにする女子たちにも、うんざりしています。

同級生に煙《けむ》たがられ、いつも一人でいる杉子に、いじめられている女の子が付きまとってくるようになりました。「斉木さんはあの人たちとは違《ちが》うでしょ」と言って友達になりたがる彼女を、杉子は冷たく突き放します。

「本当の友達なんて、家族を別にすれば同性にひとり、異性にひとりいれば御《おん》の字」だと思う杉子は、「孤独《こどく》がこわくてしがみつきあってる関係でも〝友達〟だと思ってる」

弱い彼女と同類になるつもりもなかったのです。

天才だと思い込《こ》むことで自分を守ってきた杉子ですが、一人ぼっちのつらさも感じています。杉子は自宅の庭に生えているナツメの古木に「ハロウ」と名前を付け、話しかけることで孤独を癒《いや》してきました。

同じく周囲になじめない兄は学校を辞め、父もふらりと家出してしまう。杉子は自分たち家族のほうが変わり者なのではないかという不安に襲《おそ》われるようになります。バカみたいに見える同級生たちのほうが幸せそうなのも、また事実なのです。家出から帰ってきた父に「おかしいのは、あたしたちなの、それとも日本中がおかしいの」と詰《つ》め寄りますが、父は「俺たちだろ」とにべもない。

自分のほうがおかしいとしても、みんなと同じ「普通《ふつう》」にはなれない。苦しむ杉子を案じた母は、ある大胆《だいたん》な選択をします。同級生たちから離《はな》れ、庭仕事と家事で体を動かし続けた杉子は、「ハロウ」とともに船に乗り、氷の海を割り進む夢を見ました。

本書は読書感想文の課題図書になるような、いわゆる〝良書〟ではないので、杉子が心を開いてみんなと仲良くなったりはしませんし、付きまとう女の子の意外な一面を見て反省することもありません。「普通」に染まらず、自分を貫《つらぬ》く杉子は孤高のままです。自分と同じ孤独を生きている少女の言葉を聞きたい人、今の切実な感情を「成長」という言葉で否定したくない人におすすめです。

もう１冊！

佐藤多佳子『黄色い目の魚』（新潮文庫、２００５年刊）

純粋《じゅんすい》すぎるがゆえに嫌《きら》いなものばかりで家にも学校にも居場所のない少女が、絵を描《えが》く少年との出会いで好きなものを増やしていくビタースイートな青春物語です。

人の気持ちを深読みして
傷ついてしまいます。

おすすめ本

『悪童日記』
アゴタ・クリストフ／著
堀茂樹／訳
ハヤカワepi文庫　２００１年刊
（日本語初版　早川書房、１９９１年刊）

すれ違《ちが》った二人が笑っていたら「自分のことを笑ってる」と悩《なや》み、ＬＩＮＥの返信がこなかったら「嫌《きら》われてるんだ」と落ち込《こ》む。人の気持ちに敏感《びんかん》なのは悪いことではないですが、深読みで疲《つか》れてしまうときは、過酷《かこく》な環境《かんきょう》で傷つかない術を身につけたすごい子どもたちの物語『悪童日記』（アゴタ・クリストフ）が参考になるかもしれません。

舞台《ぶたい》は第二次世界大戦末期。双子《ふたご》の少年は戦火から逃《のが》れるため、母と別れて祖母の住むハンガリーの田舎町へ疎開《そかい》します。近所から〈魔女《まじょ》〉と恐《おそ》れられる祖母は双子にとても厳しくあたり、労働を手伝わないと食べ物を与《あた》えてくれません。祖母を含《ふく》めて周りの大人たちは双子を容赦《ようしゃ》なく殴《なぐ》り、罵《ののし》ります。美しい二人は、ときに性的倒錯者《せいてきとうさくしゃ》から狙《ねら》われることも。誰《だれ》も守ってくれない世界で生き抜《ぬ》くため、双子は遊びを捨てて働き、辞書と聖書だけを頼《たよ》りに独学で学問に励《はげ》みます。さらに互《たが》いを罵《ののし》り、叩《たた》き合い、さまざまな苦痛に慣れる修業に明け暮れるのでした。

「ぼくらはもう、赤くなったり、震《ふる》えたりしたくない。罵詈《ばり》雑言《ぞうごん》に、思いやりのない言葉に、慣れてしまいたい」。

この物語は双子が書いた日記という体裁をとっています。二人は自らを鍛《きた》えるため、作文にこんなルールを課しました。

「ぼくらが記述するのは、あるがままの事物、ぼくらが見たこと、ぼくらが聞いたこと、ぼくらが実行したこと、でなければならない」

「感情を定義する言葉は非常に漠然《ばくぜん》としている。その種の言葉の使用は避《さ》け、物象や人間や自分自身の描写《びょうしゃ》、つまり事実の忠実な描写だけにとどめたほうがよい」

たとえば「おばあちゃんは魔女に似ている」「従卒《じゅうそつ》は親切だ」と書くことは個人的な感想に過ぎないので不可。「おばあちゃんは『魔女』と呼ばれている」「従卒はぼくらに毛布をくれる」であれば、客観的な事実なので書いてもよいというルールです。

感情を排《はい》した淡々《たんたん》とした文体で、戦争の非情をあるがままにノートに書きうつしていく二人。目の前でどれほど陰惨《いんさん》なことが起きても、ひどい暴力をふるわれても、少年たちは泣きもわめきもしません。感情を捨てた双子は、知《ち》恵《え》を働かせて弱者を虐《しいた》げる大人に苛烈《かれつ》な罰《ばつ》を与えもします。そして彼らの屍《しかばね》を踏《ふ》み越《こ》え、クールに生き延びるのです。

双子のように、事実とそうでないものを分ける訓練は、戦時下でなくても有効です。「返信がこない」のが事実であっても、「嫌われている」は他人の感情を勝手に想像しているに過ぎないのですから。

もう1冊！

トーン・テレヘン『ハリネズミの願い』（長山さき訳、新潮社、2016年刊）

ひとりぼっちのハリネズミは、自分のハリが他の動物を傷つけるかも、家を壊《こわ》されるかも、満足なおもてなしができないかも、手紙を出した全員が来ちゃったら……と考えすぎて、誰にも招待状を出せません。ひたすらハリネズミのネガティブな妄想《もうそう》が炸裂《さくれつ》し続ける物語ですが、ラストで「見えないものをおそれなくて大丈夫」という救いがもたらされます。

みんなに優しくしていたら、「偽《ぎ》善《ぜん》者《しゃ》」と呼ばれました。

おすすめ本

『偽善のトリセツ——反倫理《りんり》学講座』

パオロ・マッツァリーノ／著

河出文庫　2019年刊

有名人が寄付をしたニュースに、「偽善」「売名」といったコメントがつくことがよくあります。多少の下心があっても善行であるなら褒《ほ》められてもよさそうなものですが、一般的《いっぱんてき》に「偽善」は誰《だれ》かを批判する文脈で使われます。いいことをして悪く言われるのは、考えてみれば不思議です。

こうした「偽善」批判に対して、倫理学や歴史社会学の視点からツッコミをいれていくのが『偽善のトリセツ』（パオロ・マッツァリーノ）です。倫理学というと難《むずか》しそうに見えますが、謎《なぞ》の日系イタリア人そば屋に扮《ふん》した著者、偽善嫌《ぎら》いの男子中学生、ディベート好きの女子中学生の三人の会話形式で展開していくので、長い論説文が苦手な人も飽《あ》きずに読めるでしょう。

まずは、たびたび偽善のやり玉にあげられる「寄付」問題。意見の食い違《ちが》う中学生二人に、著者は日本人は欧米《おうべい》に比べて寄付金額が少ないという調査結果を紹介《しょうかい》します。寄付は匿名《とくめい》でこっそり行うべきという信念を持つ人が多い国では、身銭を切って中傷《ちゅうしょう》されたくないという気持ちがはたらくのかもしれません。また、チャリティ活動は一部の人だけしか救えないから偽善だという批判《ひはん》もあります。

著者はこれらの批判を「日本人は、寄付や慈善《じぜん》やチャリティをおおげさに考えすぎてるんですよ」とあっさり切り捨てます。私利私欲を満たすことなく、すべての人を救う善行でなければ偽善ということになると、気軽に他人を助けるのが難しくなります。結果、他人に冷たい社会になってしまう。それではあまりに息苦しい。

著者は過去の哲学《てつがく》者や思想家の偽善に関する論考を検証《けんしょう》し、こう結論付けます。「人間はすべて偽善者であり、一生偽善から逃《のが》れられない」。老人に席を譲《ゆず》ることだって、教えられなければできません。１００％純粋《じゅんすい》な善など存在しない以上、人間の行う善はすべて偽善なのです。

誰もが偽善者にしかなりえないのですから、「おまえは偽善者だ！」という批判は無意味です。著者は、もし自分がそう言われたら、「他人のことを偽善者呼ばわりするあなたは何者なのですか？　完全無欠の善人なのですか？」と詰《つ》め寄ると語っています。

好かれるために誰にでも優しくする人と、偽善者になりたくないからと寄付をせず、人の嫌《いや》がることをズケズケ言う人。困っている人にとって、どちらがありがたいかは明白です。自分は偽善者だと思いながら、できる範囲《はんい》で善行をするのが、現実的な偽善との付き合い方なのでしょう。

もう１冊！

パオロ・マッツァリーノ『みんなの道徳解体新書』（ちくまプリマー新書、２０１６年刊）

日本人が偽善を嫌うのは、有無を言わさぬ学校の道徳授業に辟易《へきえき》しているせいかもしれません。道徳の副読本のヘンテコさにツッコミを入れる本です。

なんでもわかりあえる友だちが
いないことに孤《こ》独《どく》を感じる。

おすすめ本

『友だち幻《げん》想《そう》
——人と人の〈つながり〉を考える』
菅野《かんの》仁／著
ちくまプリマー新書　2008年刊

親しい友だちはいるけれど、ＬＩＮＥをスルーしただけでムカつかれたりして気を遣《つか》う。さみしいときに気軽に誰《だれ》かを誘《さそ》いたくても、迷惑《めいわく》がられたら怖い。なんでも言えてわかり合える親友といつか出会えたら、どんなに安心できるだろう。

そんな夢を見てしまう私たちに、すべてをわかち合える友だちなんていないんだと現実を突《つ》き付けるのが『友だち幻想』（菅野仁）です。

学校の中にいると、「みんな仲良く」「クラス一丸となって」といった言葉がよく使われるので、みんなで同じことを考え、同じように感じるのがいいことなのだと思いがちです。でも、本書の重要なメッセージは、自分以外の人間はどんなに親しくても「他者」、つまり自分とは違《ちが》う感じ方や考え方をする人間であるということなのです。

他者は自分とは違う存在だからこそ、認めてもらったり愛されたりするとうれしい。でも、傷つくのも他者がいればこそ。哲学《てつがく》者の言葉を借りれば、「他者というのは、脅《きょう》威《い》の源泉である」。感じ方が異なる以上、どんなに配慮《はいりょ》しても誤解から傷つけあってしまうこともあるのが人間同士の付き合いです。ある種の人々が、そこにいない人の悪口を言い合ったり、始終ＬＩＮＥを交換《こうかん》したりして「私たちは同じ」を確かめずにおれないのは、傷つけられる不安から逃れるためなのでしょう。でも、「みんな同じ」という幻想を求めれば求めるほど、同調圧力から逃《のが》れられなくなります。

こうした同調圧力の苦しさから逃れるにはどうすればいいのか。著者は「人というものはどうせ他者なのだから、百パーセント自分のことなんか理解してもらえっこない。それが当然なんだ」（傍点《ぼうてん》原文）ということを前提に人付き合いしなさいと説きます。「自分と同じ」＝「好き」、「自分とは違《ちが》う」＝「嫌《きら》い」ではなく、もともと異なる者同士として地道に信頼関係《しんらいかんけい》を築き上げていくしかないのです。

他者と信頼関係を築くうえで重要になるのが、言葉遣い。他者の異質さに不快を感じたからといって「ムカツク」「うざい」といった言葉ですぐに相手を遮断《しゃだん》してしまっては、異質さと折り合えなくなり、孤独《こどく》は増していきます。著者は読書を通じて古今東西の書き手と対話し、他者の考えを取り入れていくことをすすめています。本の書き手は既読《きどく》スルーしても怒《おこ》りませんし、読者に即《そく》レスも求めません。他者と折り合いをつける言葉をゆっくりと身につけることができるでしょう。

もう1冊！

ポール・フライシュマン作、ケビン・ホークス絵『ウエズレーの国』（千葉茂樹訳、あすなろ書房、1999年刊）

みんなと同じになれないことからいじめられていた少年が、夏休みの自由研究で「じぶんだけの文明」をつくりだすことを決意。庭で作物を育て、茎《くき》からとった繊維《せんい》で衣類をつくり、さらにはゲーム、言語、時間の単位、歴史まで一人で創造します。ぼっちなら独立国家をつくればいいじゃない、という少年のメンタルの強さに憧れてしまう絵本です。

いじめがつらくて死にたくなる。

おすすめ本

「風《ふう》葬《そう》の教室」

（『蝶々《ちょうちょう》の纏足《てんそく》・風《ふう》葬《そう》の教室』所収）

山田詠美《えいみ》／著

新潮文庫　１９９７年刊

いじめの問題は、まず信頼《しんらい》できる大人や組織に相談して解決を図るのが一番です。でも、悪意によって傷ついた心を回復したいときは、いじめ体験を少女の一人称で淡々と語る短編小説「風葬の教室」(山田詠美)が、その助けになるかもしれません。

何度も転校していた小学五年生の杏《あん》は、それまでの経験から、クラスでなるべく波風を立てずに過ごすすべをわきまえていました。ところが人気男性教師からえこひいきを受けたことで、状況《じょうきょう》が一変します。ボス女子の「いい気になっちゃってさ」という一言をきっかけに、「男好き」「男ったらし」という言葉を投げつけられるようになるのです。やっかみは教師をも巻き込《こ》み、陰湿《いんしつ》な嫌《いや》がらせへとエスカレートします。

主人公は、そんな自分の状況を引っ掻《か》き傷にたとえます。

「ただ痒《かゆ》いような気がする。皆が感じていたのは、これだけだと思います。そして、それを誰《だれ》かが引っ掻く。すると、本当の痒さが生まれる。だから、また引っ掻く。すると、もうたまらなくなって一斉《いっせい》に爪《つめ》を立てる。もう爪たちは掻かなくてはいけないという強迫観念《きょうはくかんねん》に駆《か》り立てられ、わけも解らずに、ただただ憑《つ》かれたように指を動かさざるを得なくなるのです」

　ＯＥＣＤのＰＩＳＡ調査（２０１５年）によれば、日本のいじめは欧米《おうべい》に比べ、成績の良い生徒や恵《めぐ》まれた家庭の生徒などをターゲットとする傾向《けいこう》が強いようです。突出《とっしゅつ》して優れた個人は、日本の学校社会を支配する「みんな同じ」という信仰《しんこう》をゆるがす忌々《いまいま》しい存在となってしまうのでしょう。そんな幼稚《ようち》ないじめでも主人公の自尊心は確実に傷ついていき、ついには自殺を考えるようになります。いじめっ子たちに一生消えない恥《はじ》を負わせることができる、最高の復讐《ふくしゅう》に思えたからです。

　絶望から呼び戻《もど》してくれたのは、ふと聞こえてきた家族の何気ない会話でした。自分の死によってダメージを受けるのはいじめっ子ではなく、愛する人たちの日常だと気づいた主人公は、自殺を思いとどまります。彼女が代わりに手にした武器は、軽蔑《けいべつ》でした。目立たず周囲に溶けこもうとするのをやめ、嫉妬《しっと》をかきたてるような行為《こうい》も堂々とする。そしてわかりやすく反応するいじめっ子たちの愚《おろ》かさを楽しむようになったのです。

「私は、自分たちを人間だと思っている愚かな者たちを、まず動物にまでおとしめます、そしてから、じわじわと殺して行くのです」

軽蔑によっていつでも心の中でいじめっ子たちを殺す能力を身につけた主人公は、もう傷つきません。やっかみやいじめに悩《なや》む多くの10代の心を救ってきた名作です。

もう1冊!

イザベル・アルスノー絵、ファニー・ブリット文『ジェーンとキツネとわたし』（河野万里子訳、西村書店、２０１５年刊）

学校でいつも悪口を言われ、鏡に映る自分が醜《みにく》いソーセージに見えてしまういじめられっ子のエレーヌ。『ジェーン・エア』の世界に没頭《ぼっとう》することで孤独《こどく》をやりすごしていたが、キツネとの遭遇《そうぐう》をきっかけにモノトーンの世界が少しずつ色づいていく。悪口の呪《のろ》いから解き放たれる少女の心象風景を、繊細《せんさい》なイラストで描いたカナダのグラフィックノベル。

Ⅲ

学校に
モヤモヤしたとき

変な校《こう》則《そく》を変えたいけど、
声をあげたら浮《う》きそうで怖《こわ》い。

おすすめ本

『みんなの「わがまま」入門』
富永京子／著
左右社　2019年刊

生まれつき茶髪《ちゃぱつ》の人は地毛証明書《しょうめいしょ》を出さなくてはいけないだとか、寒くても黒タイツはだめだとか、学校の中には変なルールがいっぱいあります。おかしいと思っても、表立って主張するのは難しいものです。そんな「ふつう」じゃないことをしたら、「わがまま」だと浮いてしまう恐《おそ》れがあるからです。

爪弾《つまはじ》きにされるのはいやだけど、おかしなことにはきちんとおかしいと言いたい。そんな人の助けになるのが、不平や不満から社会を変えるやり方を、社会学の見地から中高生向けに教える『みんなの「わがまま」入門』（富永京子）です。

社会運動を研究する著者は、不平や不満を訴える「わがまま」は、社会運動と密接《みっせつ》な関係を持つといいます。他の国に比べて「みんなふつう」という感覚の強い日本は、とりわけ他人の「わがまま」に厳《きび》しい国です。みんな同じ環境《かんきょう》にあると考えるからこそ、声をあげる人に対して「みんなと同じように我慢《がまん》しないなんてずるい」という意識が生まれてしまうのでしょう。

著者はまず、「みんなふつう」は幻想《げんそう》だと否定します。日本が30人の教室だとしたら、ひとり親世帯は２人、外国籍《がいこくせき》の人は１人、貧困状態にある人は５人、発達障害《はったつしょうがい》の可能性のある人は２人。みんな同じに見えるのは、一人ひとりが「ふつう」であるように努力して取り繕《つくろ》っているからにすぎないのです。誰《だれ》かの「制服は高いから廃止《はいし》しよう！」という「わがまま」が通れば、貧困状態にある他の人々を助けることにもつながるかもしれません。著者が「わがまま」はただの「自己中」ではなく、社会運動に近いと考えるゆえんです。

もちろん、声をあげたからといって簡単《かんたん》に社会は変わりません。広く社会に訴えかけるには、デモをしたり、署名《しょめい》を集めたり、議員に陳情《ちんじょう》したりといった社会運動が必要になります。いきなり社会運動はハードルが高いと感じる中高生は、本書が紹介《しょうかい》するさまざまなエクササイズが参考になるでしょう。

たとえば「モヤモヤを共有する」のも、社会をより良くする道筋の一つ。不満をつぶやいてみたら、誰かの共感を得て社会が変わるかもしれない。近年はＳＮＳの浸透《しんとう》で若者の声が可視化《かしか》されやすくなり、頭髪の黒染《くろぞ》め指導、英語民間試験導入などについて現役の中高生が声を上げたことが大きなムーブメントにつながったこともありました。

たとえ社会が変えられなかったとしても、「わがまま」を口にしていくことで、他人の「わがまま」にも耳を傾《かたむ》けられるようになり、政治や社会が身近なものになる。それも「わがまま」の立派《りっぱ》な効用ではないでしょうか。

もう1冊！

上西充子『呪《のろ》いの言葉の解きかた』（晶文社、2019年刊）

「文句を言うな」「嫌《いや》なら辞めればいい」……自分の内面に問題があるかのように刷り込《こ》む「呪いの言葉」にからめとられず、柔軟《じゅうなん》に行動するための考え方を示します。

一《いっ》致《ち》団《だん》結《けつ》を求められる学校行事が苦手。

おすすめ本

『ファシズムの教室
——なぜ集団は暴走するのか』
田野大輔／著
大月書店　2020年刊

運動神経が悪いだけなのに、「真面目にやれよ！」と怒《おこ》られる。やりたくてやってるわけじゃないと言いたいけど、「一致団結！」「最高のクラス！」「打倒《だとう》○組！」と熱くなっているみんなの前ではとても無理。そんな思いを抱えつつ、学校行事をやり過《す》ごしている人も多いのではないかと思います。

ところで「ファシズム」という言葉をご存じでしょうか。歴史の授業では、ユダヤ人を迫害《はくがい》したナチズムとセットで扱《あつか》われがちですから、大昔の怖《こわ》い思想と思われるかもしれません。でも、語源は「集団」「結束」を意味するイタリア語の「ファッショ」。「一致団結」と、そう意味は変わらないのです。

『ファシズムの教室』（田野大輔）は、ナチズムを長年研究してきた歴史社会学者による実験授業を書籍《しょせき》化したものです。著者はファシズムが誰《だれ》でも加担しうる〝楽しい〟ものであることを学生たちに示すため、大学の講義でファシズム体験を行いました。受講生全員に同じ制服を着せて、右手を挙げて一斉《いっせい》に「ハイル、タノ！」というナチス式の敬礼をさせる。いってみれば〝ナチズムごっこ〟です。

教室で一緒《いっしょ》に大声を出し、笛の合図で足を踏《ふ》み鳴らして結束を強めた学生たちは、さらに団結するため、学内でイチャイチャする「リア充《じゅう》」を糾弾《きゅうだん》するように告げられます。グラウンドに出て実験のために用意されたサクラのカップルを取り囲み、「リア充爆発《ばくはつ》しろ！」と糾弾を繰《く》り返す学生たち。最初こそ小さかった声は、次第に熱を帯び、大きくなっていきます。

実習を終えた受講生の多くは、最初はリア充役の人がかわいそうだったが途中《とちゅう》から楽しくなった、集団の一員という意識が強くなってすがすがしい気持ちになった……など と、集団行動にのめりこんでいく感情の変化をレポートで報告しました。中には、「怠《おこた》っている人がいたら、『真面目にやれよ』という気持ちになっていた」「『ちゃんと声を出さないと逆に恥《は》ずかしい』という感情が生まれていった」という人も。攻撃的《こうげきてき》な行為《こうい》でも、上からの命令に従って集団で行動していくうちに一体感で気持ちがよくなり、熱《ねっ》狂《きょう》に流され、異物を排除《はいじょ》する感情が生まれてしまうのです。

この実験は、敵が「リア充」だからユーモラスに感じられます。でもこれが、他の人種や国籍の人々だったら？　戦時中のような大量虐殺《ぎゃくさつ》が再び起きないともかぎりません。そう考えると、一致団結の熱狂に巻き込《こ》まれない少数派の存在意義は十分にあるのです。

もう1冊！

坂口安吾『堕落《だらく》論』（新潮文庫、2000年刊）

「善人は気楽なもので、父母兄弟、人間共の虚《むな》しい義理や約束の上に安眠《あんみん》し、社会制度というものに全身を投げかけて平然として死んで行く。だが堕落者は常にそこからハミだして、ただ一人曠野《こうや》を歩いて行くのである」。戦時中の日本は人々の心がひとつになった「嘘《うそ》のような理想郷」だったと振《ふ》り返りながらも、美しい団結を抜《ぬ》け出して「欲するところを素直に欲し、厭《いや》な物を厭だと言う」人間としての本来の姿を取り戻《もど》し、自らの卑小《ひしょう》さを厳しく見つめよと説いて戦後の日本人に衝撃《しょうげき》を与《あた》えた名エッセイ。

競争が苦手。弱肉強食の社会で
落ちこぼれそうです……。

おすすめ本

『弱者の戦略』
稲垣栄洋《いながきひでひろ》／著
新潮選書　2014年刊

自然界は弱肉強食だから、人間も勝ち組になれないと生き残れないという話をよく聞きます。確かに強いライオンは弱いシマウマを食べますが、その逆はありません。ところが、絶滅《ぜつめつ》の危機に晒《さら》されているのはシマウマではなくライオンのほうだったりします。また、踏《ふ》まれてもめげないたくましさの代名詞である雑草は、実のところ多くの植物が生息している場所では駆逐《くちく》されてしまう、弱い植物なのだそうです。

そんな「弱い」雑草の生態を専門とする植物学者が、弱い生きものたちの多彩《たさい》な生存戦略を紹介《しょうかい》しているのが『弱者の戦略』（稲垣栄洋）です。本書の主張は、生きものにとって重要なのは他者を打ち負かすことではなく、生き残ることだということ。弱い生きものの生き残り術を知れば、競争が苦手な人のヒントになるかもしれません。

著者によれば、歯を食いしばって頑張《がんば》ればなんとかなるというような根性論は、自然の前では無力です。生物の世界では、ナンバーワンしか生きられないからです。強者と同じ土俵で戦っても勝ち目はゼロ。弱者は自分が一人勝ちできる場所を探すしかありません。たとえばジャングルなどの条件のいい場所では強い植物に根絶やしにされてしまう雑草は、人に踏まれる道ばたなどの不人気ゾーンを生息の場としたことで繁栄《はんえい》に成功しています。「陽《よう》キャ」が集まる部活を避《さ》け、地味な部活でのびのびと恋愛《れんあい》する「陰《いん》キャ」のような生きざまと言えましょう。

昔から日本に生息する日本タンポポと、外国から帰化した西洋タンポポとの勢力争いも示唆《しさ》に富んでいます。一年中咲《さ》ける西洋タンポポと、春しか咲けない日本タンポポ。圧倒的《あっとうてき》に強いのは西洋タンポポですが、自然豊かな場所では夏になると他の植物の陰《かげ》になって日光が当たらず、枯《か》れてしまうという致命的《ちめいてき》な弱点があります。一方、他の植物が伸《の》びてこない春のうちだけ花を咲かせる日本タンポポは、夏場を「夏眠《かみん》」してやり過ごすことで、他の植物との競争を避《さ》け、生き延《の》びているのです。

同じように、ツノの小さいオスのカブトムシは、他のオスが眠《ねむ》っている真夜中から活動するという「ずらす戦略」で交尾《こうび》にこぎつけます。このほかにも群れる、女装する、モノマネをする、動かない等、本書で挙げられる弱者の生存戦略はユニークなものばかり。

そもそも「万物の霊長《れいちょう》」ぶっている人類だって、捕食《ほしょく》されやすいからこそ、脳を異常に発達させて生き延びた弱者なのでした。自らの弱さを知り、勝てない競争から降りて変化する状況《じょうきょう》の中から自分の強みを活かせる場所を探す。そんな生きものたちの行動から、私たちも学ぶことがありそうです。

もう1冊！

麻生羽呂《はろ》、篠原《しのはら》かをり『LIFE〈ライフ〉——人間が知らない生き方』（文響社、2016年刊）

温厚でどの動物とも仲良くできるので草原の支配者と呼ばれるようになったカピバラ、優秀《ゆうしゅう》な個体ほど仕事を任されすぎて早死にしてしまうミツバチなど、20種類の動物の生き方から処世術を学ぶアニマル系自己啓発《けいはつ》本。

女の子の価値が
容姿で決まる空気がつらい。

おすすめ本

『日本のヤバい女の子』
はらだ有彩《ありさ》／著
柏書房　２０１８年刊

昔話の時代から今にいたるまで、容姿の問題に女性たちは悩《なや》まされ続けてきました。かぐや姫《ひめ》は美しすぎて厄介《やっかい》な求婚者《きゅうこんしゃ》たちを遠ざけるのに苦労するし、虫愛《め》づる姫君は虫が好きなだけなのにおしゃれしていないとバカにされる。美しくてもそうじゃなくても、若い女の子を周囲は放っておいてくれません。

「昔々、マジで信じられないことがあったんだけど聞いてくれる？」という言葉が帯に踊《おど》る『日本のヤバい女の子』（はらだ有彩）は、そんな昔話の「ヤバい女の子」たちに同世代の友達のように寄り添《そ》い、秘められた怒《いか》りを読み解いていくエッセイです。有名な怪談「番町皿屋敷《ばんちょうさらやしき》」の亡霊・お菊《きく》さんが夏の納涼《のうりょう》コンテンツ扱《あつか》いされることについても、「『涼しく』ってお前！　こっちは死んでるんやぞ」とキレたりしないのだろうか、と想像をめぐらせます。

「否応《いやおう》なく女は容姿で勝負させられる」問題に切り込《こ》んでいるのが、鉢《はち》で顔が隠《かく》れたまま男の心を射止めた「鉢かづき姫」の章です。著者はまず、「スクール・カーストの大部分は容姿に由来する」理由を説明します。学業は「クリエイティビティを挟《はさ》み込む余地」がないうえ、「教師たちに決められた指針だけに従う」のはかっこよくない。運動能力は「日常生活では活かされるシーンが限られすぎている」。教室という狭《せま》い場所で魅力《みりょく》を発揮《はっき》できるのは、容姿ぐらいのもの。

かくして容姿に自信のあるギャルがクラスのヒエラルキーのトップに立ち、他の分野で勝負するつもりの女子たちも「容姿」のステージに引きずり出されます。どんなに優れた女性であっても、「ブス」とさえ言っておけば打ち負かせると思っている男性は少なくないですし、言われた本人は傷ついていなくても、ダメージを受けたことにされてしまいます。

鉢というハンディを背負ったばかりにいじめられる鉢かづき姫は、それでも負けませんでした。顔の見えない彼女の魅力は、慣れない仕事をがんばり、理不尽な運命と折り合いをつけるために考え続けたすべての時間から生まれたものだと著者は考察します。

「どの武器で戦うかその心に決めたとき鉢は割れる。それが開戦の合図だ。隠し持った獲物《えもの》で思いきり殴《なぐ》れ。顔でも、金でも、文化でも、学業でも、運動能力でも、覚悟《かくご》でも、その他の何で殴ってもいい」。

周囲になんと言われようと自分が選んだ武器で戦えば、容姿というフィールドで戦わなくても隣《となり》にいてくれる人間と出会える。昔話からそんな勇気も引き出せる本です。

もう１冊！

アン・ファイン『おしゃれ教室』（灰島かり訳、評論社、２０１４年刊）

ママの仕事の都合で、興味がないのに「おしゃれ教室」に放り込まれたボニー。女子力アップに余念のない女の子たちにダサい子としてバカにされたボニーは負けずに言い返し、派手なバトルを繰《く》り広げます。女の子たちが本音でぶつかりあった結果、プリティ・プリンセス・コンテストは意外な結末に。

体育や運動会が地《じ》獄《ごく》すぎて
運動が嫌《きら》いです。

おすすめ本

『14歳、明日の時間割』
鈴木るりか／著
小学館　2018年刊

とあるテレビ番組で、日本の小学校のマラソン大会を視察したフィンランドの校長先生が、こんな苦言を呈《てい》していたのを目にしました。「運動はそもそも良いものなのに、子どもたちを競わせることで、運動が得意じゃない子はビリという烙印《らくいん》を押《お》されてしまいます。それで、もう運動はやりたくないと思うようになるのではありませんか？」。よその国の体育では競争しないの!?と驚《おどろ》いたのを覚えています。ビリの晒《さら》し上げ、できるまで居残り、失敗するとため息をつかれる大縄跳《と》び。運動が苦手な人にとって、学校生活の中で体育ほどつらいものはありません。

そんな体育嫌いにおすすめなのが、『14歳、明日の時間割』（鈴木るりか）収録の短編小説「五・六時間目　体育」です。中学生作家としてデビューした著者は、執筆《しっぴつ》当時バリバリの14歳。「運動・スポーツ嫌いの中学生を半減させる」という政策目標のニュースにヒントを得て執筆したというこの短編では、減らすべき対象にされてしまった運動嫌いの中学生・茜《あかね》の怒《いか》りと悲しみから物語が始まります。

「市中引き回しの刑」を連想する徒競走、「申し訳なさ度マックス」な全員参加リレー、パスされないように敵《てき》チームの陰《かげ》に隠《かく》れて「欲しい気持ちは山々ですが、相手チームに邪魔されてます」というポーズをとらざるをえないバスケットボール。体育や運動会のいたたまれなさ描写のリアリティに、現役中学生作家ならではの観察眼が光ります。

茜の目下の悩みは、マラソン大会。クラスの平均タイムで競うと聞いて、想像だけでいたたまれなさを先取りしてしまいます。しぶしぶ走る練習を始めても、苦しくてなかなか足が進まない茜。そこへたまたま遭遇《そうぐう》した陸上部の中原くんが、苦しくても我慢《がまん》して走り続けていれば「セカンドウィンド」がやってきて楽になることを教えてくれました。大して親しくもない茜に熱心にフォームを手ほどきするほど、彼は純粋《じゅんすい》に走ることが好きなのでした。好きなことにまっすぐな中原くんへのあこがれと、最後まで生きることを諦《あきら》めない祖父への思いから、茜は練習に励《はげ》みます。誰《だれ》かに勝つためでも、クラスのためでもなく、自分自身が楽しく走れるように。

地獄からの脱出《だっしゅつ》に必要なのは、自分のペースで体を動かす楽しさを、技術と科学の両面から教えてくれる先達者《せんだつしゃ》の存在。体育が嫌いだったのに、大人になってからプロのアドバイスを受けて筋《きん》トレやスポーツ、ジム通いが好きになった人はたくさんいます。競争と根性論だけが運動ではないのです。

もう１冊！

荻上《おぎうえ》チキ著、ヨシタケシンスケ著・イラスト『みらいめがね　それでは息がつまるので』（暮しの手帖社、２０１９年刊）

ディズニープリンセスから見る女の子の生き方や、他人を適切に嫌《きら》いになる作法、いじめ、不登校、うつ病、ＬＧＢＴといった生きづらさにつながる多彩《たさい》なテーマを、荻上チキのエッセイとヨシタケシンスケのイラストの二つの視点から解き明かすエッセイ集。自分の意思が尊重されない学校体育の影響《えいきょう》で運動に苦手意識を持っていたものの、大学のジムで走ってみて自由に体を動かす楽しみに目覚めた著者は、運動を楽しむにもコツがあるように、人生を楽しむコツがあると語りかけます。つらい学校生活もゲームのように楽しめるヒントが得られるかも。

「がんばってまともにならなきゃ」というプレッシャーがきつい。

おすすめ本

『まともがゆれる
――常識をやめる「スウィング」の実験』
木ノ戸昌幸／著
朝日出版社　２０１９年刊

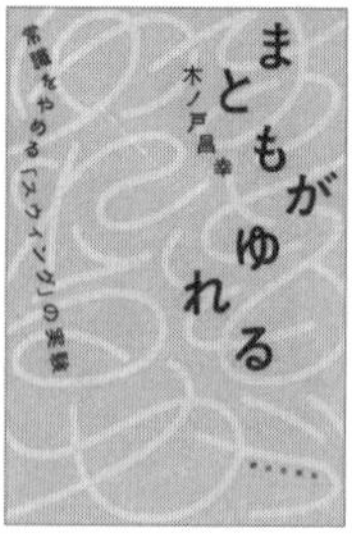

はた目には何の問題もないと思われているけれど、「勉強も部活も人間関係もすべてがんばらないといけない」「弱みは誰にも見せられない」というプレッシャーで日々が苦しい。そんなつらさの渦中《かちゅう》にある人におすすめしたいのが、ユニークすぎる障害福祉《しょうがいふくし》NPO法人「スウィング」について書かれた『まともがゆれる』（木ノ戸昌幸）です。

学生時代の著者もまた、優等生であったにもかかわらず、生きづらさを抱《かか》えていたひとりでした。ところが20歳のときに参加した講演会で「目的を持て、自立しろ、人に迷《めい》惑《わく》をかけるな」という言葉に縛《しば》られなくていいと聞き、衝撃《しょうげき》を受けます。自分の苦しみの源は、大人が設定した「こうあるべきまともな姿」から外れたら人生おしまい、という強迫的《きょうはくてき》な不安だと気づいたからです。

レールから外れる決心をした著者は２００６年、障害によって企業《きぎょう》への就職が困難な人に就労機会を提供する福祉サービス事務所「スウィング」を立ち上げました。

スウィングでの労働は独特です。

・戦隊もののコスプレで町内のゴミ拾いをする「ゴミコロレンジャー」

・市バスマニアの二人がその知識を活かして京都駅前で観光客に交通案内をする

「京都人力交通案内」

・なんでもありなアート活動「オレたちひょうげん族」（ある時の展覧会のタイトルは、「親の年金を使ってキャバクラ」）

障害者の「できない」を修正して普通《ふつう》の人に近づけ、社会の中で自立することを目指す従来の福祉の観点からすれば、どれも破天荒《はてんこう》もいいところです。

けれども弱さをさらけ出しつつ、自分の得意なことで認められた彼らは、スウィングでの就労に生きがいを見出し、地域からもヘンテコなまま受け入れられていきます。

こうした活動の根っこにあるスウィングのモットーの一つが「ギリギリアウトを狙う」。知らない間に私たちが内面化している「こうでなければならない」を少しだけ踏み越え、他者と関わることで、「普通」や「まとも」の領域を広げていく。健常者も障害者も「まとも」であることから解放され、それぞれがそれぞれの人生を楽しめるようになること。それがスウィングの目指す社会です。

本書の折々にはさまれる脱力感《だつりよくかん》たっぷりの詩や、著者の容赦《ようしや》ないツッコミに笑ったら、「できること＝良いこと」「できないこと＝悪いこと」という二項《にこう》対立がバカらしくなってくるのではないでしょうか。障害があってもなくても、自分や他人のマヌケさや弱さをツッコミながら笑って愛するきっかけを与《あた》えてくれる本です。

もう1冊！

道草晴子『みちくさ日記』（リイド社、2015年刊）

13歳でマンガ賞受賞、14歳で鉄格子付きの精神科病院に入院した著者が人生の紆余曲折を綴った自伝エッセイマンガ。自分はまともじゃないという思いに苦しみ続けた著者は、「すべての人がどこか欠けていておかしいのだ」という境地にたどりつきます。

Ⅳ

親・大人に
モヤモヤしたとき

大人に反論すると「屁理屈をこねるな」と怒られます。

おすすめ本

『ほとんど憲法
——小学生からの憲法入門』(上・下)

木村草太／著　朝倉世界一／絵

河出書房新社　2020年刊

大人の押し付けに理屈《りくつ》で反論せずにいられない人におすすめなのが、東大卒の憲法《けんぽう》学者が子供向けに執筆《しっぴつ》した『ほとんど憲法』（木村草太）です。憲法入門書とはいえ、突飛な理屈をこねるトミナガ君（実在の友人がモデルだそうです）を始めとする小中学生たちの愉快《ゆかい》なやりとりとマンガがメイン。それらを読んでいるうちに憲法の基本理念がわかるという、おそらく一番やんちゃな憲法の本です。

たとえば、「人に『バカ』と言わない」という学級目標に背《そむ》いて、「大バカ」と言ってしまったトミナガ君。批判《ひはん》を受け、「バカ」は禁止されているけど「大バカ」「ドアホ」は禁止されていないと言い張ります。

単なる屁《へ》理屈のように見えるこの話も、憲法に定められている「残虐《ざんぎゃく》な刑罰《けいばつ》の禁止」と、死刑制度の問題につながります。手足を奪《うば》う刑罰はダメだが命を奪う死刑は合憲、という最高裁の判断は、「バカ」はダメでも「大バカ」ならいい、という理屈とどこが違《ちが》うのか？という問題提起《ていき》です。

さらに中学校の職場体験ではぐれ、迷子センターで館内放送を流してもらったトミナガ君。中学生にもなって恥《は》ずかしくないのかと問う友達に、迷子センターを利用するのは子どもの権利《けんり》であるから恥ずかしくない、それに自分が利用しておけば、将来迷子になった中高生も遠慮《えんりょ》なく迷子センターに行けるはずだ、と言い返します。このエピソードは、憲法12条の「この憲法が国民に保障《ほしょう》する自由及び権利は、国民の不断の努力によつて、これを保持しなければならない」に通じるもの。恥ずかしいからといって、権利の行使を遠慮すると、将来の国民が権利を行使しにくくなってしまいます。トミナガ君の理屈にも、一理あるのです。

　巻末に収録された著者と友人トミナガ氏との対談では、とある学校の謎《なぞ》ルール「連帯責任でクラス全員が漢字をノート3見開き以上書く」に対し、著者は自分なら筆で1ページに1文字ずつ書くと述べます。理不尽なルールに黙って従うくらいなら、屁理屈で抗う方法を模索するほうがましだという著者の理念がうかがえます。中学時代には、合唱コンクールの強制に納得できず、任意参加を求める署名を集めたこともあるそうです。

　ルールが人々のためになっていないと感じたら、議論を投げかけ、多方面から掘《ほ》り下げて考えることも、憲法13条が保障する一般的自由権や自己決定権を追求するうえで大切なこと。ルールのために生きているのではなく、私たちを守るためにルールがあるのですから、怒られてもめげずに理屈をこねる訓練を続けましょう。

もう1冊！

仲島ひとみ著、野矢茂樹監修『大人のための学習マンガ　それゆけ！　論理さん』（筑摩書房、2018年刊）

屁理屈好きの強気なハナちゃん、話を飛躍させがちなトビオ君など4人の高校生にカメの先生が論理学の基礎を教える論理学ギャグマンガ。しっかりした理屈をこねるには、論理学のトレーニングは欠かせません。

性《せい》被《ひ》害《がい》を打ち明けたら「気をつけなさい」と言われた。私が悪いの？

おすすめ本

『おとめ六法』
上谷さくら、岸本学／著
KADOKAWA 2020年刊

電車内の痴《ち》漢《かん》などの性被害を大人に相談しても、「早起きして満員電車を避けなさい」「夜道を歩いたのが悪い」「背筋を伸ばして歩けばおかしな奴《やつ》は寄ってこない」「スカートが短いのが悪い」などと自《じ》衛《えい》を説かれておしまいということが多々あります。泥《どろ》棒《ぼう》に入られた人に向かって「隙《すき》があるのが悪い」と責める人はいないのに、性被害となると、ことさらに被害者の落ち度があげつらわれ、加害者が野放しになりがちです。

こうした風潮のせいか、性被害に遭った人の約8割が捜査《そうさ》機《き》関《かん》に被害を届け出なかったというデータもあります（令和元年版「犯罪白書」）。多くの性被害者が「自分が悪い」「大したことじゃない」と思い込《こ》まされ、泣き寝入りを余《よ》儀《ぎ》なくされているのです。

泣き寝入りを強いられがちな弱い立場の女性でも、法律を味方につければバチボコに闘うこともできるのだと教えてくれる本が、『おとめ六法』（上谷さくら、岸本学）です。二人の弁護士が、女性が巻き込まれやすいトラブルに関連する法律をピックアップ。訴えるために必要な証拠、相談先など、適切な対処法を知ることができます。

たとえば電車内痴漢の場合。痴漢罪はないものの、各都道府県の条例で罰《ばっ》則《そく》が定められており（東京都の場合は「6カ月以下の懲《ちょう》役《えき》または50万円以下の罰金」）、「下着の中に手を入れて女性器をさわる」までエスカレートしたら、刑法の強制わいせつ罪にあたることなどが示されます。

対処《たいしょ》法としては、「さわってくる手を引っかくなどして、犯人の手に証拠《しょうこ》を残す」のが有効なのだそうです。被害者の爪に加害者の皮膚片《ひふへん》が残れば、ＤＮＡ鑑定《かんてい》で有罪となる可能性が高まるからです。スマホ操作《そうさ》中であれば、犯人の写真を残すのも有効な証拠になります。なお、痴漢の対処法として昔から伝えられている「安全ピンで刺す」は、過剰防衛《かじょうぼうえい》となる可能性があるのでおすすめできないとのことです。

スルーを推奨《すいしょう》されがちなＳＮＳでの誹謗《ひぼう》中傷も、裁判所に訴えて中傷した人間を特定するという形で戦うことが可能です。いざとなれば損害賠償《そんがいばいしょう》や慰謝料《いしゃりょう》を請求《せいきゅう》できる立場なのだと思えば、強気で立ち向かえるかもしれません。

このほかストーカー、デートＤＶ、パワハラ等々、一般女子が巻《ま》き込まれる可能性が高いトラブルについて、どの法律が対応しているのか、相談先はどこがふさわしいかといった情報を網羅《もうら》。「お前に隙があったのが悪い」「大したことじゃない」という言葉に口を塞《ふさ》がれそうになったとき、手に取りたい本です。

もう1冊!

イ・ミンギョン『私たちにはことばが必要だ——フェミニストは黙《だま》らない』（すんみ、小山内園子訳、タバブックス、2018年刊）

性被害を打ち明けて「大げさ」「被害妄想じゃないの」「無視すれば」「殴《なぐ》ればいいじゃん」「女性専用車両は逆差別」などと言われたとき、愛想笑いで流して一人モヤモヤしないために。口を封《ふう》じるための言葉から自分の心を守るための気構えと、反撃《はんげき》の仕方をシチュエーション別に教えてくれる韓国のフェミニズム書です。

モヤモヤすることを言われても
すぐ言い返せない。

おすすめ本

『10代から知っておきたい
あなたを閉じこめる
「ずるい言葉」』
森山至貴《のりたか》／著
WAVE出版　2020年

親に「あなたのためを思って言っているんだよ」とやりたいことを反対されたり、失礼な男子のことを愚痴《ぐち》ったら「悪気はないんだから許してあげなよ」となだめられたり、いじめ経験を打ち明けたら「傷ついたのもよい経験だったんじゃない？」と勝手にいい話にされたり、ネットでひどいことを書かれて反論したら「いちいち取り合ってたらそいつと同じレベルになっちゃうよ」と第三者に言われたり……。一見親切に見えるこうした言葉に、モヤモヤしてしまう人も多いでしょう。

モヤモヤしてしまうのは、これらが弱い立場の人を丸め込む「ずるい言葉」だから。そう明言し、言いくるめられないスキルを中高生に向けて提示する本が、『10代から知っておきたい　あなたを閉じこめる「ずるい言葉」』（森山至貴）です。

セクシュアルマイノリティ（性的少数者）差別を専門とする研究者である著者は、「ずるい言葉」の背景の多くには差別があると指摘します。

たとえば「あなたのためを思って言っているんだよ」には、「あなたにとってよい選択は私が知っているのだから、あなたはそれにしたがえばよい」という相手を下に見る考え（これを学術的な言葉で「パターナリズム」と呼びます）が隠《かく》れているといいます。相手のことを尊重している人なら、相手が納得できる説明が必要だとわかっているはず。ですからこう言われたときは、「どうして私のためになるのか説明してほしい」と言い返せばよいと著者は指南します。説明を拒絶されたら、こちらのことを尊重してくれない人は放っておいて、好きなようにすればいいのです。

　また、悩みを打ち明けたときに言われる「もっと早く言ってくれればよかったのに」「たいしたことじゃない」「聞きたくなかった」という言葉。冷たい言葉の背景には、しんどい状況にある人は助けなくてはいけないという良心と責任感があると著者は指摘します。良心と責任感があるからこそ、相手を助けることができない自分を認められず、相手の悩みそのものを否定してしまうのです。こういうときは、「知っておいてくれるだけでありがたい」と伝えて安心してもらうことを提案しています。

　逆にしんどい悩みを打ち明けられたら、一発で解決するようなすごいことを言いたいという野心は捨てて、「言ってくれてありがとう」などと相手の言葉を受け止めたことをまずは伝えるのがよいそうです。センシティブな話題が増えてくる思春期だからこそ、知っておきたい傾聴《けいちょう》テクニックですね。

もう1冊！

岡本太郎『美しく怒《いか》れ』（角川oneテーマ21、2011年刊）

「言うべきことを言う。憤《いきどお》りを、生きがいとしてつき出してゆく。抵抗《ていこう》の火の粉を身にかぶる。楽しいではないか」。モヤモヤに蓋《ふた》をするより、憤りを表現して世界とぶつかっていくことこそが純粋《じゅんすい》な生き方なのだと鼓舞《こぶ》する芸術家のエッセイ集。怒るのはみっともないと思っている人も、小学二年生の男の子が先生への澄《す》んだ怒りを表現した詩の美しさには心うたれるでしょう。

「もっと努力しろ」と怒《おこ》られます。
がんばってるのに……。

おすすめ本

『生きづらい明治社会
――不安と競争の時代』
松沢裕作／著
岩波ジュニア新書　２０１８年刊

「社会が悪いと嘆《なげ》くより自分が変われ」「弱者でいるのがいやなら努力して這《は》いあがれ」……マンガ、アニメ、ドラマ、自己啓発《けいはつ》書、Ｊ－ＰＯＰの歌詞など、いたるところでこのような言い回しを目にします。確かに努力する人のほうがかっこよく見えるのは事実です。少年マンガの主人公が悪と戦わず、悪を生み出す社会構造の批判に明け暮れるばかりでは、ちっとも話が進まず面白くありません。

とはいえ、現実は「努力、友情、勝利」の物語とは違《ちが》います。真面目に努力しても病気で貧困に陥《おちい》ることはありますし、努力ではどうにもならない障害《しょうがい》や家庭環境もあります。不公正に気づいた人が社会に対して声を上げられなければ、社会はいつまでも不公正のままです。それなのに貧困や苦しみを訴える弱者はダメ人間とみなされ、冷たい視線を浴びせられてしまうのです。

日本の歴史学界では、「人が貧困に陥るのは、その人の努力が足りないからだ」という考え方のことを、「通俗道徳」と呼ぶそうです。なぜ日本人が支配層に都合のいい「通俗道徳」に染まってしまったのか。その原点は明治社会にあると歴史学者が解き明かしているのが、『生きづらい明治社会』（松沢裕作）です。

明治維新《いしん》後の政府は短期間で近代的な経済の仕組みを作るため、乱暴《らんぼう》な経済政策を実施しました。景気は急激に悪化し、多くの貧民が生まれます。しかし江戸幕府を倒《たお》して作った新政府にはお金が無く、弱者を救う余裕《よゆう》はありません。政府の援助も江戸時代の農村社会のような助け合いも期待できない社会では、自分の力だけが頼《たよ》りです。

よく働き、倹約《けんやく》して、貯蓄《ちょちく》さえすれば成功できる。こうした信念が国民の間に広がったことで、貧しい人は努力を怠《おこた》った「ダメ人間」とみなされるようになりました。こうなると、弱者を救おうという人も少なくなります。みんなで努力して納めた税金を、なぜ「ダメ人間」のために使わなければならないのか、というわけです。

庶民《しょみん》にも進学の道が開かれてからは、立身出世を目指す競争がいっそう過熱しました。近年は景気の悪化で、格差や貧困を自己責任とするネオリベラリズム（新自由主義）がますます広まりつつあります。

歴史を知ったからといって楽になるわけではないけれど、厳しさのからくりを知れば、自分に「ダメ」のレッテルを貼《は》って苦しまなくても済《す》むかもしれません。自分を責める前に、社会の構造に目を向けられる一冊です。

もう1冊！

若林正恭《まさやす》『表参道のセレブ犬とカバーニャ要塞《ようさい》の野良犬』（文春文庫、2020年刊）

お笑いコンビ「オードリー」で成功しつつもモヤモヤが晴れない著者が、自分の悩みが競争と消費を煽《あお》る資本主義・新自由主義というシステムから生まれていることに気づき、社会主義国キューバの旅へ。広告看板もWi-Fiもない国で、社会システムと人間の幸福に思いをめぐらす異色の紀行文。

うまく言葉にできないけど
母にムカムカする。

おすすめ本

『アンネの日記　増補新訂版』
アンネ・フランク／著
深町眞理子／訳
文春文庫　2003年刊
（日本語初版は文藝春秋新社より1952年刊）

世界中で読み継《つ》がれ、教科書にも掲載《けいさい》されている『アンネの日記』（アンネ・フランク）。「ナチスの迫害《はくがい》におびえながら希望を捨てず前向きに生きた立派な少女の日記」という優等生的な印象から、読まずにいた人も多いのではないでしょうか。

でも、素顔のアンネはわかってくれない周囲の大人たちにムカムカしている、ごく普通の思春期少女でした。日記出版の際《さい》、アンネの父はそうした箇所《かしょ》をごっそり削除《さくじょ》していたのです。削除分も収録《しゅうろく》した『アンネの日記　増補新訂版』を読めば、母への苛立《いらだ》ち、恋や性の話を生き生きと書き綴《つづ》る、思春期少女のリアルな声に出会えます。

13歳～15歳という反抗期《はんこうき》に外に出ることもできず、家族とずっと一緒に過ごす。戦争中という状況を差し引いても、息がつまる環境《かんきょう》です。まして早熟で口も達者だったアンネは、子供扱いしてくる母とはとことん気が合いませんでした。

「マルゴーもママも、性格的にはおよそわたしとは正反対です」

「どうしてママは、わたしに信仰《しんこう》を強制《きょうせい》するんでしょう？　それもママの自己満足のためでしかないのに」

「とにかくママには我慢《がまん》がならないんです。ママの前では、ただただ自分をおさえて、毎度荒い言葉で言いかえしたりしないよう、辛抱《しんぼう》しなくちゃなりません」

ママは美しく従順《じゅうじゅん》な姉のマルゴーばかりをかわいがり、自分のことを「出来損《そこ》ない、みそっかす扱《あつか》い」している。そうアンネは感じていました。唯一尊敬《ゆいいつそんけい》しているパパにママの悪口をぶちまけたくても、パパは耳を傾《かたむ》けてくれません。孤独《こどく》感を深めたアンネが本音をぶつけられるのは、日記の中だけでした。

「わたしが口をきくと、みんなから利口ぶってると言われます。黙《だま》っていると、ばかみたいだと言われます。口答えすれば、生意気だと言われます。（……）一日じゅう、わたしの聞かされるのは、おまえはかわいげのない赤んぼだということだけ」

母への嫌悪感を思いのままに綴る一方で、アンネは過去に書いた悪口を読み返して、理性的に考察《こうさつ》することもありました。自分だって母の気持ちをわかっていないのだから

「おあいこ」だと反省したり、夫への愛情が報《むく》われない忍耐《にんたい》の日々がとげとげしい性格を作ったのだろうと母を分析《ぶんせき》したり。やがてアンネは、「おかあさんなんかいなくてもぜんぜん困らない」と母に期待することをやめ、「自立の境地」に達したと記します。

思春期のモヤモヤを言葉で的確に表現するアンネに、時代を超《こ》えて共感を抱く現代の女の子はきっと少なくないでしょう。

もう１冊！

柚木《ゆずき》麻子『本屋さんのダイアナ』（新潮文庫、２０１６年刊）

キャバクラ勤めのギャル母と二人暮らしのダイアナは、適当すぎる母も、娘に「大穴（ダイアナ）」と名付ける母のセンスも大嫌い。孤独《こどく》感から読書にふけるうち、本好きのお嬢《じょう》様・彩子に声をかけられ、二人は親友になります。二人の女の子がたくましく逆境を乗り越え、自らの育ちを受け容れていく友情と成長の物語です。

親が私の好きなことを
認《みと》めてくれません。

おすすめ本

『マチルダは小さな大天才』
ロアルド・ダール／著
宮下嶺夫／訳
評論社　2005年刊
（日本語初訳は評論社より1991年刊）

すべての親が子どもの好きなことに理解を示し、優しく応援《おうえん》してくれる物わかりのよい大人だったらいいのですが、残念ながら現実はそうではありません。親を自分で選べないことは、しばしばソーシャルゲームの「ガチャ」になぞらえて「親ガチャ」と表現されますが、どうも自分は親ガチャに失敗したんじゃないかと思ったときは、天才少女が両親をやりこめる児童書『マチルダは小さな大天才』（ロアルド・ダール）を読めば元気が出るかもしれません。

　主人公のマチルダは5歳にして「自分の両親が、正直でやさしく物わかりがよく尊敬できて頭がよかったら、どんなにいいだろう」と嘆く女の子です。大人向けの文学作品を愛読し、数学の才能にも秀でている天才少女だというのに、俗物《ぞくぶつ》的な両親は娘の趣味《しゅみ》をちっとも認めてくれないのです。インチキ商売でお金もうけをしている父親は「小さい女の子はだまってニコニコしていればいいんだ」と娘の読書をいやがり、母親は「わたしは、才走った女の子は好きじゃないんですよ。女の子はまず、自分を魅力的《みりょくてき》に見せることを考えなくちゃ。そうすれば、大きくなってから、りっぱな夫をゲットできるんです。ブックス（本）よりルックス（外見）のほうが大事なんですよ」という信条の持ち主です。

昔ながらの児童書のヒロインと違《ちが》って、マチルダは親ガチャに失敗したからといって、けなげに耐《た》えたりはしません。両親にいやがらせをされるたびに「許《ゆる》せない。すごい仕返しをしてやらなくては」と知恵をふりしぼり、きっちりやり返していくのです。

天才すぎるマチルダは、小学校に上がっても大人の無理解に苦労します。理解者になってくれたのは、マチルダの才能をいち早く見抜いた担任教師のミス・ハニーだけでした。本の話を通じてミス・ハニーと親しくなる中で、彼女がとある謀略の被害者であることを知ったマチルダは、悪人の手から大好きな先生を救おうと決意します。初めて自分のためでなく人のために能力を使ったマチルダは、その行為《こうい》によって自分を認《みと》めてくれない家庭から脱出《だっしゅつ》することにも成功するのです。

ハンマー投げのように子供たちをフェンスの向こうに投げ飛ばす女校長が登場するなど、児童書らしい誇張《こちょう》はあちこちにありますが、両親が最後までマチルダを理解しない描写はリアルです。残念ながら、大人の価値観はそう簡単に変わりません。それでも、マチルダにとってのミス・ハニーのように、趣味を認めてくれる誰《だれ》かがきっとどこかにいるはずです。所詮《しょせん》家は巣立つまでの仮住まいと割り切り、いつか仲間に出会えることを期待して、好きを貫《つらぬ》きましょう。

もう1冊！

若桑みどり『お姫様とジェンダー——アニメで学ぶ男と女のジェンダー学入門』（ちくま新書、2003年刊）

クラシックなディズニー・プリンセス映画を題材に、プリンセスへのあこがれが女性たちにどのような呪縛《じゅばく》をもたらしているかを分析。女子学生から寄せられる相談の多くが、娘が高い能力を持とうとすることへの母親の反対・反感であることから、無私と献身を押し付けられた女性が娘を圧迫する側にまわるという構造を指摘します。

親がうざいので家を出たい。

おすすめ本

『家出のすすめ』

寺山修司／著

角川文庫　２００５年刊

（初版は三一書房より１９６３年刊）

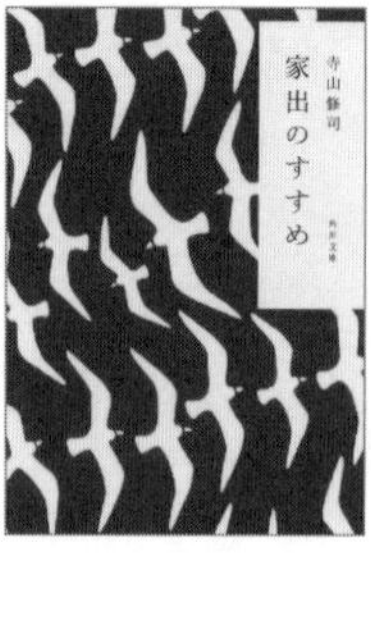

「あなたのため」とやることなすこと口出ししたり、子どもを愚痴《ぐち》のはけ口にしたりする親は珍《めずら》しくありません。虐待《ぎゃくたい》と違《ちが》って、大人に相談しても「それだけ娘が心配なんだよ」などとあしらわれて終わりです。口うるさい親に無性にイライラするときは、「自分の母親に『姥捨《うばすて》山につれていくぞ』といってごらんなさい」と親不孝を過激に煽《あお》る『家出のすすめ』（寺山修司）がおすすめです。

寺山修司といえば、現代では教科書にものる有名な文学者ですが、半世紀前の刊行時には、本書に影響されて家を飛び出して著者宅に住み着く若者が続出したほどの〝家出界のカリスマ〟的存在でした。

著者は10代で家を出ようとした際、裁《た》ちばさみを持った母に「逃げるなら、殺してやる」と脅かされたといいます。そうした経験を持つ著者にとって、母とは「子を食べようとする」存在です。食べられる前に、一度捨てなくてはいけない。そうして他の人と新しい愛情を育んだうえで、友情をもって親に接しなさいというのが本書の主張です。実際に暴言を吐《は》いたり家を出たりするのは難しいとしても、いつでも縁を切ることができるのだという「こころの姥捨山」を持てば、いくらか気が楽になるのではないでしょうか。

本書は刊行当時の時代性もあり、差別的表現や、当時の文化を知らないと理解しづらい描写《びょうしゃ》も多々あります。そうしたところは飛ばし読みしてでも、第四章「自立のすすめ」の中の「醒《さ》めて、怒れ！」はぜひ読んでほしいと思います。

たとえば、次のような一節。

「怒りというのは排泄物《はいせつぶつ》のようなもので、一定量おなかのなかにたまるとどうしても吐きださざるを得なくなる」

「日本の女は忍耐《にんたい》の美徳をそなえている、といわれながら、日本の女ほど自分の子どもを殴《なぐ》る……という例もあまり少なくないのは一つの排泄現象のあらわれだ」

こうした視点を持つと、ただうざい存在だと思っていた親が、家に縛《しば》られ怒りを我慢《がまん》しすぎたあまり、娘相手に感情を「排泄」している一人の孤独《こどく》な人間のように見えてくるかもしれません。それは自立への第一歩になるはずです。

むろん、著者の言い分に納得《なっとく》がいかないという人もいるでしょう。その場合は、無責任なことを言うなよ！と著者に怒ったっていいのです。「一日一怒かならず実行」と本書にあるように、その怒りのエネルギーもまた、あなたを前に進めてくれることでしょう。

もう1冊！

山中恒《ひさし》『ぼくがぼくであること』（角川つばさ文庫、2012年刊。初版は実業之日本社より1969年刊）

過保護でやかましい教育ママと優等生のきょうだいたちに嫌気《いやけ》がさし、衝《しょう》動的《どうてき》にトラックの荷台に飛び乗って家出した劣等生《れっとうせい》の秀一。同い年の少女と祖父の住む農家でひと夏をすごし、ハードな事件を乗り越えて一回り成長した秀一は、母の弱さと孤独《こどく》を客観的に眺《なが》められるようになります。

人間に絶望しました。

おすすめ本

『夜と霧《きり》 新版』

ヴィクトール・E・フランクル／著

池田香代子／訳

みすず書房　2002年刊

（日本語初訳は1985年刊）

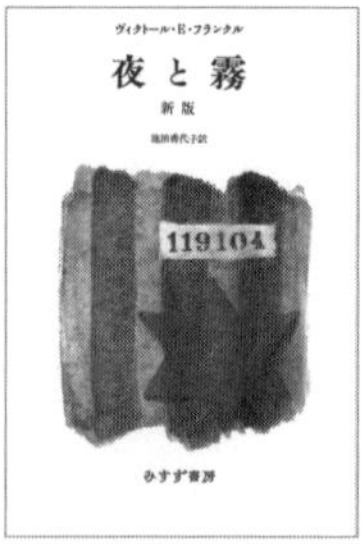

人に裏切られ、誰も信じられなくなったとき。人間の醜《みにく》さを思い知らされるようなひどい目にあったとき。将来が真っ暗に見えて、生きる意味が見いだせなくなったとき。生半可《なまはんか》な励《はげ》ましが届かないくらいの苦しみに見舞われたときは、人間に徹底的に絶望せざるをえないアウシュビッツという地獄を生き延びた体験記『夜と霧　新版』（ヴィクトール・E・フランクル）が、光をもたらしてくれるかもしれません。

第二次世界大戦当時、ユダヤ人精神科医であった著者は、ナチスの強制収容所《きょうせいしゅうようじょ》に運ばれて身ぐるみはがされ、番号のみで呼ばれる労働者に成り果てます。死までの時間を労働力として搾《しぼ》り取る収容所では、睡眠《すいみん》も食事も満足に与えられないまま、過酷《かこく》な土木作業に耐《た》えなければなりませんでした。気まぐれに暴力をふるって虐待《ぎゃくたい》する監視者たち。人々はいつガス室に送られるか、餓死《がし》するか、病死するかわからない極限状態に追い込まれました。

人は悲惨《ひさん》な環境におかれると、根拠《こんきょ》のない希望にすがりたくなります。しかしそうした希望は、往々にして命取りになりました。クリスマスに解放されるとのうわさを信じた人々の多くは、クリスマスを過ぎて希望が裏切られたことを知ると、急に力尽きて死んでしまったのです。

希望すらも持てない状況で、多くの人々は自分の心を守るため、感情を失いました。著者は精神科医として、被収容者たちが殴り合い、死体に群がって衣類やわずかな食糧を奪いあう姿を冷静に観察しています。

このような極限状況で、感情を失わずに生き延びるにはどうすればいいのか。著者は「生きるためのまやかし」として「ユーモア」を挙げました。不幸をネタに変えて周囲に笑ってもらえば、それが救いになるからです。毎日一つ愉快《ゆかい》な話を仲間と披露《ひろう》しあった著者は、どうにか精神の健康を保ったまま、生還《せいかん》の日を迎えることができました。

著者は収容所の人々に「人間が生きることには、つねに、どんな状況でも、意味がある」と呼びかけ、勇気づけました。約3年に及ぶ収容所生活を生き抜いた著者が言うのですから、説得力は抜群です。

現代日本にも、悲惨な生まれ育ちを笑いに変えて活躍するお笑い芸人や創作者はたくさんいます。苦しみを引き受けて一人で考え続けた人は、その人だけの世界観を持つことができるからでしょう。

残酷《ざんこく》な人間がすべてを奪ったとしても、「あたえられた環境でいかにふるまうかという、人間としての最後の自由だけは奪えない」という言葉は、絶望から何度だって私たちを救ってくれるはずです。

もう1冊！

大槻《おおつき》ケンヂ『サブカルで食う――就職せず好きなことだけやって生きていく方法』（角川文庫、2017年刊）

先生には「腐った魚の眼をしている」と言われ、勉強も運動もできずモテもせず、そのうち「みんなが自分をバカにしている」という幻聴《げんちょう》が聞こえはじめ、火炎瓶《びん》で学校ごと燃やす妄想《もうそう》にかられるほどつらい学校生活を送った著者が教える、コンプレックスをネタに変えて表現の仕事で食べていく生き方のハウトゥー本です。

V

勉強にモヤモヤしたとき

勉強する意味がわからない。

おすすめ本

『お嬢《じょう》さん放《ほう》浪《ろう》記』

犬養道子／著

角川文庫　２０１８年刊

（初版は文藝春秋新社、１９５８年刊）

学生時代に塾講師《じゅくこうし》のアルバイトをしていたころ、中学生にこんなことを言われたことがありました。「私は将来ハワイで結婚して夫婦でお店をやると決めてるの。だから勉強なんて必要ない」。外国で商売するなら、なおさら勉強したほうがいいのでは？と内心思いながらも、当時は社会経験に乏《とぼ》しく、うまく説得できませんでした。もし当時の彼女に出会えるなら、『お嬢さん放浪記』（犬養道子）をすすめたいです。

著者の犬養道子は、五・一五事件で暗殺された犬養毅《つよし》首相の孫。いわゆる名家のお嬢様ですが、「お嬢さん育ちに一本筋金を入れてもらいたい」という決意のもと、親からの援助を一切受けずに、昭和23年から10年間にわたって一人で欧米《おうべい》を歩き回ります。

ボストンへの奨学生《しょうがくせい》留学から始まった旅は、当初から行き当たりばったり。お小遣《こづか》いが足りず、美術館や大学図書館に通うこともままなりません。そこで著者はラジオで耳にした記者の連絡先を電話帳で探し、日本文化の講演の仕事をもぎ取ります。講演はたちまち評判《ひょうばん》を呼んで引っ張りだこになりますが、肺結核《けっかく》にかかって、長期療養《りょうよう》生活へ。

ところがそんなことではめげないミス・イヌカイ、病室で出会った海軍士官から軍用パラシュートのひもが余っていることを聞かされ、商売を思いつきます。レース編みを即席《そくせき》で身につけて編んだベルトは、アメリカ人に大人気。ヒマを持て余した病室の人々も巻き込んで病院内手工業を発展させますが、留学生の商行為は違法だったことから、あわや逮捕《たいほ》という事態《じたい》に。警察官を懐柔《かいじゅう》してどうにか強制送還《そうかん》を免れたものの、病気が全快したら日本に帰らざるをえません。絶対に帰国したくない著者はオランダ領事館に駆《か》け込んでオランダ文化を褒《ほ》めたたえ、力業でヴィザをゲットしてそのままオランダへ旅立つのでした。

　とにかくこんな調子でどこに行っても著者は周囲の人々に好かれ、ピンチをチャンスに変えて楽しい旅を続けます。英語とフランス語に堪能《たんのう》で、その他の言語も現地で身につける語学力もさることながら、驚《おどろ》くべきは教養に基《もと》づくトーク力。イタリアでダンテの『神曲』を読んだことがあるかと聞かれれば、イタリア語で一節を暗唱して現地人を虜《とりこ》にしてしまいます。フランスで各国の留学生のためにサマーキャンプを企画した際は、偉い人たちを説得してお城をもらい受ける交渉力を発揮。ゲームでレベル上げするごとに新しい魔法が使えるように、著者は知識と経験値を上げながら、冒険の場をどんどん広げていきます。学問によって身につけた知性、そして知性から生まれるゆるがぬ自信と他文化への理解、分け隔《へだ》てのない親切心。それらがこんなにも人生を楽しくするのかと、勉強する気が増すこと請《う》け合いです。

もう1冊！

ジョシュア・グレン、エリザベス・フォイ・ラーセン『退屈《たいくつ》をぶっとばせ！——自分の世界を広げるために本気で遊ぶ』（大網拓真、渡辺圭介訳、オライリー・ジャパン、２０１８年刊）

「文章を書くためのエクササイズ」「裏庭でパルクール」「ゲームデザインを学ぶ」「クッキーの焼き方を通して科学実験を学ぶ」「コマ撮《ど》り映画の撮影《さつえい》と編集」等々、大人が作ったものを消費するだけではない遊びをしたい10代のためのハウトゥー集。学校の勉強にとどまらず、できること、わかることを増やしていけば人生がより面白くなることを実感できます。

提出日ギリギリにならないと
宿題に取りかかれない。

おすすめ本

『予想どおりに不合理——行動経済学が明かす「あなたがそれを選ぶわけ」』
ダン・アリエリー／著
熊谷淳子／訳
ハヤカワ文庫NF　2013年刊

早くやってしまえば気が楽なのはわかっているのに、私たちはどうしても面倒なことを先延ばしにしてしまいがちです。そして意志が弱い自分がイヤになって、ますますやる気が失せる。これもありがちです。

こうした「わかっているけどやめられない」人間の不合理な行動心理に基づいた経済学が、「行動経済学」という学問です。行動経済学では、人間は必ずしも合理的ではなく、さまざまな要素に惑わされて間違った行動をしてしまう不完全な存在として扱われます。行動経済学研究の第一人者によって書かれた『予想どおりに不合理』（ダン・アリエリー）は、人間の不合理な行動を実験によって明らかにしつつ、対処法も教えてくれます。

著者は、目先の誘惑《ゆうわく》におぼれて計画を先延ばしにしてしまう人類共通の弱点を研究するため、学生を対象に実験をしました（第７章「先延ばしの問題と自制心」）。学期中に３回のレポートの提出を命じ、１日締切に遅れるごとに成績を１パーセント下げると伝えたのです。

一つめのクラスでは、スケジュール管理ツールを用いて３回のレポートの締切を学生たち自身に設定させました。二つめのクラスでは締切は学期中であればいつでもよいとし、三つめのクラスでは教授が第4週、第8週、第12週に締切を設定しました。普通に考えれば、最終日に全部提出すればいい二つめのクラスが一番有利に思えます。ところが一番成績が良かったのは強制的に締切を設定された三つめのクラスで、二つめのクラスは最下位でした。自分で締切を設定したクラスでは、それぞれの締切に十分な間隔をあけた学生が良い成績を取りました。

この実験からわかったのは、「ほとんどの人に先延ばし癖《ぐせ》がある」「その弱点を自覚して早めの締切を設定し、あらかじめ表明しておけば克服《こくふく》できる」ということです。夏休みの終わりになってあわてて宿題に取りかかる生徒が少なくないのは、小刻みに締切が設定されていないせいだったのかもしれません。それがわかれば、「〇日までに自由研究を、〇日までに英語を終わらせる」とスケジュールに設定し、ＳＮＳの勉強用アカウントなどで表明するといった対策が取れますね。

このほか本書は、人間は無料につられて不要なものを買いがちなこと、性的に興奮しているときは判断を間違えやすいことなどを実験や統計で明らかにしていきます。自分が特別意志が弱いわけではなく、人間とはもともとそういうものだと理解することで、より良い選択肢を選べる。これが行動経済学を知るメリットです。

もう1冊！

佐藤雅彦、菅俊一原作、高橋秀明画『行動経済学まんが　ヘンテコノミクス』（マガジンハウス、2017年刊）

行動経済学の主要な理論をわかりやすくマンガで説明。小学校高学年からでも読めます。

いきなり作文がうまくなりたい！

おすすめ本

『感情類語辞典　増補改訂版』

アンジェラ・アッカーマン、ベッカ・パグリッシ／著

滝本杏奈、新田享子／訳

フィルムアート社　2020年刊

作文が上達するには、本をたくさん読んで名文に触れ、語彙《ごい》力を高めることが必要だといわれます。でも、すぐにでも語彙力があるように見せかけることができるチート技があるのをご存じでしょうか。それは、類語辞典を使うこと。特に創作者のバイブルとして人気の高い『感情類語辞典 増補改訂版』（アンジェラ・アッカーマン、ベッカ・パグリッシ）を使えば、一気に作文のレベルをアップさせることができます。

例えば、次のような出来事を人に伝えたいとしましょう。

　おやつを妹に食べられていた。
　私は悲しかった。

「悲しかった」「感動した」「怒った」といった感情をそのまま書くと、子どもっぽい作文になります。こんなときは本書の「悲しみ」の項目に並んだ類語表現を参考にして、「私は悲しかった」の部分を書き換えてみます。

おやつを妹に食べられていた。
私はため息をついた。

賢そうな作文になってきました。さらに関連項目である「意気消沈《しょうちん》」の類語を参照して、二つ以上の言い回しを組み合わせると、感情をより複雑に表現できます。

おやつを妹に食べられていた。
私は唇を嚙み、よろよろと足を引きずりながら自室に戻った。

いや、いちいち唇を嚙むなんてオーバーなことしませんけど……作文でウソを書いたらダメなのでは?と思われる真面目な人もいるかもしれません。確かに、ありのままに書きなさいと指導する先生もいます。でも、いいのです。多少は盛っても。盛るのは大人の文章作法の一つなのですから。

ためしに新聞を広げてみてください。失点したサッカー選手が「肩を落とし」たり、困った担当者が「頭を抱え」たり、永田町に「激震が走っ」たりしています。実際に永田町に激しい地震がきたわけではないのに、誰もウソをつくなと文句を言ったりはしません。これらは「常套句《じょうとうく》」と呼ばれる定番フレーズだからです。

ありきたりなフレーズばかりに頼るのはよくないかもしれませんが、子どものうちにさまざまな型を学ぶのはよいことです。ダンスだって書道だって、型を学んでから独自の表現ができるようになるというではありませんか。出来合いの表現をうまく組み合わせて、そこそこ作文が得意な人になりましょう。

もう1冊！

遊泳舎編『言の葉連想辞典』（遊泳舎、2019年刊）

「可惜夜《あたらよ》」「玉響《たまゆら》」など、和風ボカロ曲の歌詞に出てくるような美しい和語を、かわいいイラスト入りで学べます。

自由研究のテーマが思いつきません。

おすすめ本

『もっとヘンな論文』

サンキュータツオ／著

角川文庫　2020年刊

小学校の頃《ころ》はスライムを作るだけで許された自由研究も、中学にもなるとがぜんハードルが上がります。「仮説を立て、実験・調査した結果から考察をまとめなさい。レポート用紙○枚以上」なんて、研究の仕方を教えてくれたこともないのに無茶ぶりにもほどがある。もっとも、どんな進路に進むにせよ、疑問や推論を実証するやり方を身につけておいて損はありません。

どうせ大変な思いをするなら、楽しいことを研究してみんなにすごいと思われたい。そんな人におすすめなのが、お笑い芸人としても活動する大学講師の著者が面白い論文にツッコミを入れていく『もっとヘンな論文』（サンキュータツオ）です。

前作『ヘンな論文』よりもこちらを推すのは、大学生や中学生の研究も紹介されているから。大学の先生並みに整った研究環境《かんきょう》がなくても、面白い研究はできるということが、本書を読めばわかります。

たとえば「算数・数学の自由研究」作品コンクールで最優秀賞をとった中学二年生による「メロスの全力を検証」。太宰治『走れメロス』の文章を分析《ぶんせき》し、メロスの平均時速を算出したものです。結果、平地でも時速2・7キロ程度だったとか。「おっそ！」

と誰もが思うことでしょう。思い込《こ》みをひっくり返す結果を導き、みんなをびっくりさせることができるのも、研究の醍醐《だいご》味《み》です。

ネットでも話題になった大学生の卒業論文「プロ野球選手と結婚するための方法論に関する研究」もユニーク。プロ野球選手と結婚したいと考える女子大生が、女子アナじゃない女性がプロ野球選手と結婚する確率、結婚相手との出会いのきっかけ、結婚相手の属性をデータと直接取材から分析しています。「プロ野球選手と結婚するには女子アナにならないとダメか〜」と絶望する前に、どうすれば結婚できるかを学問で追求するところが面白い。なんでも研究のネタになるものです。

このほか、「ジャンピング婆」など後ろから追いかけてくる系の怪談・都市伝説を全国から採集して分類した民俗学系の論文、仰向《あおむ》けのカブトムシの起き上がり方を観察した論文（ジャンルはなんと心理学！）など、大人が大真面目に好奇《こうき》心《しん》を追求している論文がずらり。ヘンな論文を読みながら、自分は何を追求したいのか考えるのも楽しいものです。

もう1冊！

清《せい》邦彦編著『女子中学生の小さな大発見』（新潮文庫、2002年刊）

かたつむりの殻《から》をとったらナメクジになる？　お茶碗1杯のご飯粒はいくつ？　素朴な疑問から生まれた中学一年生の面白レポート集。肩肘《かたひじ》張らない自由研究の参考に。

宿題が終わりません。
どう言い訳すればいい？

おすすめ本

『〆切本』

夏目漱石、江戸川乱歩、
星新一ほか／著
左右社　2016年刊

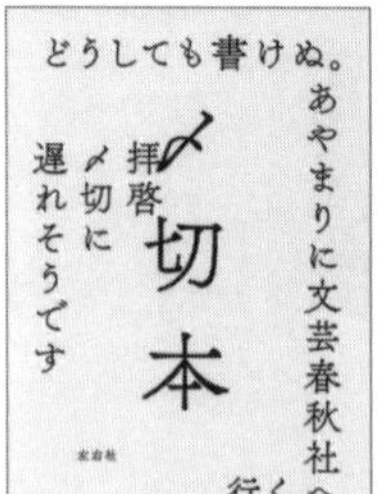

計画的にやれば終わることはわかっているけど、それができたら苦労はしない。笑える言い訳で先生にお目こぼしされたい。そんな人におすすめなのが、名だたる文豪《ぶんごう》、エッセイスト、マンガ家たちがあの手この手で遅筆《ちひつ》を言い訳する文章を集めた異色アンソロジー『〆切本』です。

どれほど才能あふれる人々であっても、締切《しめきり》の前ではみなダメ人間。豊かな表現力で紡《つむ》がれた大量の言い訳の数々（ときどき編集者による怒り）を読み続けていると、「みんな違ってみんなダメ」という言葉が思い浮かび、不思議と勇気が湧《わ》いてきます。

語彙《ごい》のパワーで圧倒させる言い訳は、学校生活でも応用が利きそう。たとえば先生に「宿題がまだ提出されてませんよ？」と催促《さいそく》されたときなどは、こんな言い訳を真似してみてはいかがでしょう。

「肉眼ではね」（西加奈子）

「待ってくれ、オレの青春はどうなる？」（大沢在昌）

「眠るべからざる時に、眠りをむさぼる。その快楽が近年の私には最も愛すべき友

である」（坂口安吾）
「天神様も見放したと見えて少しもかけない」（夏目漱石）
「ざんねんながら、今回は、ついに、鉄板のような壁に突きあたって、いささか大《おお》袈裟《げさ》にいえば、気が狂《くる》いそうになってしまいました」（柴田錬三郎）
「猫が風邪をひいちゃって……」（高橋源一郎）
「遊びが本業だという説もある」（獅子《しし》文六）
「かんにんしてくれ給《たま》へ　どうしても書けないんだ」（吉川英治）
「今夜、やる。今夜こそやる」（田山花袋）

先生によってはものすごく怒られそうな気もしますが、その場合は真面目な人の正論を参考にし、今後は遅《おく》れないようにしましょう。

「不出来であってもしかたがない。そう思い切るのである。色気をすてる」「仕事はのばせばいくらでものびる。しかし、それでは、死という締切《しめき》りまでにでき上る

原稿はほとんどなくなってしまう」（外山滋《しげ》比《ひ》古《こ》）

「『明日があるさ』と先延《の》ばしして八十年の人生を終わったら、そら、単なるアホでしかないで（笑）」（黒岩重吾）

締切に追い立てられるのはつらい。けれども追い詰められた者だけが出せる集中力で、実力以上のすごいものができることもある。締切を乗り越《こ》えていくごとに、私たちの人生は「単なるアホ」以上のものに変わっていくのでしょう。

もう1冊！

彩図社文芸部編『文豪たちの悪口本』（彩図社、２０１９年刊）

言い訳までものすごい文豪の語彙にしびれたら、「青鯖《あおさば》が空に浮《う》かんだような顔をしやがって」（中原中也）など文豪たちの独特な悪口を集めた本書もおすすめです。

COLUMN

10代の定番ベストセラーから選ぶ

「次に読む本」

NEXT BOOK

「朝の読書」でベストセラーを読みつくしたら、
次はこんな本を読んでみてはいかがでしょう。
10代の人気作品のテーマ別に
おすすめ本を選んでみました。

『君の膵臓《すいぞう》をたべたい』

（住野よる、双葉文庫／双葉社ジュニア文庫）

が好きな人におすすめ

生死がかかった愛

『わたしの全てのわたしたち』

（サラ・クロッサン著、最果タヒ・金原瑞人訳、ハーパーコリンズ・ジャパン、2020年刊）

腰《こし》から下がつながった結合双生児《そうせいじ》として生まれたグレースとティッピは、寄付金が途絶《とだ》えたため16歳から普《ふ》通《つう》の高校に通うことになった。結合双生児の多くは、大人になるまで生きられない。双子は「死ぬまでにしたいことリスト」を作り、初めての学校生活、友情、恋《こい》を経験する。「これ以外の体を知らない。／これ以外の人生を知らない。／たった一人で生まれて、／たった一人で生きるなんて、／リアリティがなさすぎる。」。周囲から好奇《こうき》や同情の目で見られても揺《ゆ》るがない姉妹の不思議な絆《きずな》が、グレースの視点で詩のように綴《つづ》られる青春小説。

『さよならを待つふたりのために』

（ジョン・グリーン著、金原瑞人・竹内茜訳、岩波書店、2013年刊）

がんが肺に転移し、酸素ボンベを手放せない16歳の少女ヘイゼル。きれいごとにうんざりして読書に耽《ふけ》る彼女は、がん患者《かんじゃ》の集いで骨肉腫《こつにくしゅ》で片足を失った率直な少年オーガスタスに出会う。互《たが》いに大好きな本を貸し借りし、電話越《ご》しに詩を朗読して、惹《ひ》かれ合っていく二人。自分が生きた証を残したいオーガスタスと、自分の死によって傷つく人を減らすために誰《だれ》とも深い付き合いをしたくないヘイゼルは、二人にとって特別な本『至高の痛み』の結末を知るため、慈善《じぜん》団体の協力のもと、作家の住むアムステルダムに旅立つ。TIME誌が選ぶ2012年度の小説1位に選出されたヤングアダルト小説の傑作《けつさく》。

『いま、会いにゆきます』

（市川拓司、小学館文庫、2007年刊）

巧《たくみ》の最愛の妻・澪《みお》は、一年たったら雨の季節に戻《もど》ってくると夫と息子に言い残して病死する。一年後の梅雨の季節、巧が息子を連れて森を訪れると、死んだはずの澪が約束通り現れる。しかし澪は記憶《きおく》を失っていた。ちぐはぐながらも、幸福な家庭生活を取り戻す三人。でもその日々は長くは続かなくて……。

『銀色の恋人』

（タニス・リー著、井辻朱美訳、ハヤカワ文庫SF、2007年刊。初版は1987年刊）

ロボットが人間並みに働く未来社会。母がすべてお膳《ぜん》立てしてくれる高級住宅で育った16歳のジェーンは、俳優にときめくだけの無為《むい》な生活を送っていた。そんな彼女が初めて恋に落ちたのが、ギターを弾《ひ》き語る美貌《びぼう》のアンドロイド・シルヴァー。「あなたのためを思って」と購入《こうにゅう》を思いとどまらせようとする母に、ジェーンは生まれて初めて反抗《はんこう》し、シルヴァーと駆《か》け落ちしてしまう。二人でストリートミュージシャンの仕事をするうちに、母の操り人形だったジェーンの自我が目覚めていく。それとともに、魂《たましい》を持たないはずのシルヴァーも、ジェーンを愛しているかのような言動をとり始める。貧しいながらもボロアパートの一室を飾りつけ、楽しく暮らす二人だったが、人間に近すぎるロボットを欠陥《けつかん》品として処分しようとする追手が現れる。

その他

『ノルウェイの森』（上下巻、村上春樹、講談社文庫、2004年刊）

「ムーンライト・シャドウ」（吉本ばなな、『キッチン』角川文庫所収、1998年刊）

『日々の泡《あわ》』（ボリス・ヴィアン著、曾根元吉訳、新潮文庫、1998年刊）

『愛と死（改版）』（武者小路実篤、新潮文庫、2012年刊）

『5分後に意外な結末』シリーズ

（学研プラス）

が好きな人におすすめ

奇妙《きみょう》な味わいの短編集

『名称《めいしょう》未設定ファイル』

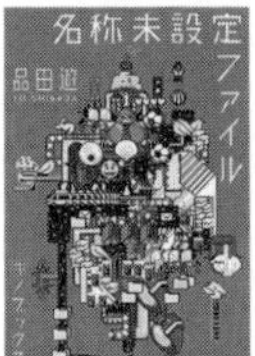

（品田遊、キノブックス、2017年刊）

ネット上では「ダ・ヴィンチ・恐山《おそれざん》」名義で知られる著者による短編集。GIF画像の中に閉じ込《こ》められた男女、ソシャゲマニアの最後の1日、一般人《いっぱんじん》の動向を何十年もの間ウォッチし続ける匿名掲示板《とくめいけいじばん》サイト、意志を持ち始めた自動生成ブログ、SNSに投稿されたネコ画像の炎上《えんじょう》事件など、10代にも身近な事象をモチーフに、見知っていた世界がゆがむ感覚を味わえる17の短編小説を収録。

『あなたに似た人〔新訳版〕』

（I・II巻、ロアルド・ダール著、田口俊樹訳、ハヤカワ・ミステリ文庫、2013年刊）

『チャーリーとチョコレート工場』でおなじみのロアルド・ダールの大人向け短編集。結末でぞわっとする後味の悪い短編小説が好きな人におすすめ。

「宇治拾遺物語」

（町田康訳、『日本文学全集（8）日本霊異記／今昔物語／宇治拾遺物語／発心集』河出書房新社収録、2015年刊所収）

鎌倉時代の説話集を町田康がファンキーに現代語訳。有名なこぶとりじいさんの民話も、元パンクロッカーの文学者が訳せば、鬼《おに》が「さすがだよね。あれだけの踊《おど》りやって、まだ、反省するとこあるっつうんだから。絶対、来てね」「じゃあ、そうね、やっぱ瘤《こぶ》いこう、瘤」とじいさんから雑にこぶをとるポップなお話に。このほか怪談《かいだん》、心温まる話、不思議な話、笑える話、しょうもない下ネタなど、古文の世界が身近に感じられる楽しい小話が盛りだくさん。

『ちくま文学の森（3）　変身ものがたり』

（ちくま文庫、2010年刊）

萩原朔太郎「死なない蛸《たこ》」、坂口安吾「風博士」、エーメ「壁《かべ》抜《ぬ》け男」、ゴーゴリ「鼻」、江戸川乱歩「人間椅《い》子《す》」、夏目漱石「夢十夜」など、「変身」縛《しば》りで国内外の文豪の不思議な短編小説をセレクト。

『世界ショートセレクション』シリーズ

（理論社）

絵本作家ヨシタケシンスケが手がける表紙がかわいくて揃《そろ》えたくなる世界的文豪《ぶんごう》の名作短編シリーズ。ラインナップはトルストイ、エーメ、ゾラ、コナン・ドイル、カフカ、チェーホフ、マーク・トウェイン、ディケンズ等々。大きな活字と読みやすい新訳は世界文学のとっかかりにぴったり。

『E・A・ポー（ポケットマスターピース09）』

（エドガー・アラン・ポー著、鴻巣友季子・桜庭一樹編、集英社文庫ヘリテージシリーズ、2016年刊）

5分後シリーズにも採用されているエドガー・アラン・ポーの作品集。ゴシックホラー小説「黒猫《くろねこ》」「アッシャー家の崩壊《ほうかい》」、世界初の推理小説と言われる「モルグ街の殺人」などの代表作に加え、人気作家の桜庭一樹が翻《ほん》案《あん》した短編「お前が犯人だ！」「メルツェルさんのチェス人形」、詩、長編小説を収録。

『5億年後に意外な結末 ピグマリオンの銀色の彫刻《ちょうこく》』

（菅原そうた原作、usi絵、桃戸ハル構成、学研プラス）

が好きな人におすすめ

「5億年ボタン」のような 思考実験、哲学ホラー

『論理的思考力を鍛《きた》える　33の思考実験』

（北村良子、彩図社、2017年刊）

「5億年ボタン」のほか、倫理《りんり》学の思考実験として知られる「トロッコ問題」、「臓器くじ」、タイムマシンで祖父母の出会いを邪《じゃ》魔《ま》したらどうなるか問題、アメリカのテレビ番組から生まれた確率パラドックス「モンティ・ホール問題」、囚人《しゅうじん》のジレンマなど、有名な思考実験を33個集め、わかりやすく解説。「自分ならどうする?」を考える楽しみを味わえる。続編の『発想力を鍛える33の思考実験』（北村良子、彩図社）では、「哲学《てつがく》的ゾンビ」、「水槽《すいそう》の中の脳」など、意識や世界の実在そのものを疑う哲学的な思考実験を収録。

Newton別冊『絵でわかるパラドックス大百科』

（高橋昌一郎監修、ニュートンプレス、2019年刊）

正しくみえる前提と推理から納得しがたい結論に行きつく「パラドックス」の古典的な問題を、哲学、論理学、数学、天文学、物理学の分野から50本セレクトし、CGイラストで図解。シュレーディンガーの猫、テセウスの船、クレタ人のパラドックス、ヒルベルトの無限ホテル等々、ときどき目にするかっこいい言葉の意味を知りたい人に。

『ぼくらの七日間戦争』

（宗田理、角川つばさ文庫）

が好きな人におすすめ

子どもたちが制度や社会に抗《あらが》う痛快エンターテイメント

『チョコレート・アンダーグラウンド』

（アレックス・シアラー著、金原瑞人訳、求龍堂、2004年刊）

大人たちが政治に無関心だったせいで、「健全健康党」なる政党が選挙で勝ち、「チョコレート禁止法」を発令してしまった。甘《あま》いものを食べただけで矯正施設《きょうせいしせつ》に送られてしまうむちゃくちゃな法律に納得いかない少年たちはチョコレートを密造し、「地下チョコバー」を始めることに。

『逆ソクラテス』

（伊坂幸太郎、集英社、2020年刊）

教師やボス格の子どもが空気を支配する小学校の教室。勝手に決めた序列を周囲に押《お》し付けようとする奴《やつ》らに負けない方法として、転校生の安斎《あんざい》は「僕はそうは思わない」とはっきり表明するという方法を〈僕〉に教えた。特定の児童をバカにする教師の先入観を崩《くず》すため、安斎はクラスメートたちを巻き込んで作戦を練り、次々と実行していく（「逆ソクラテス」）。先入観が覆《くつがえ》るスカッと感を楽しめる5つの短編小説を収録。

『パンツ・プロジェクト』

（キャット・クラーク著、三辺律子訳、あすなろ書房、2017年刊）

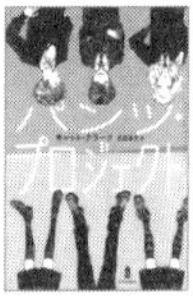

男の子みたいな恰好《かっこう》が好きなリヴは、制服でスカート着用を義務付けられる中学生活になじめない。スカートをはいた自分なんて、宇宙服を着てるタコみたい。違《い》和《わ》感《かん》を隠《かく》さないリヴは、女子に仲間外れにされてしまう。そんな状況《じょうきょう》を打破するため、リヴは頭の固い校長に服装規定の変更《へんこう》を求める「パンツ・プロジェクト」を立ち上げ、学校に新風を巻き起こす。

『スイッチを押すとき 他一篇』
（山田悠介、河出文庫）
が好きな人におすすめ

極限的な状況に追い込まれた集団の人間ドラマ

『バトル・ロワイアル』

（上下巻、高見広春、幻冬舎文庫、2002年刊）

架空《かくう》の全体主義国家「大東亜共和国」では、毎年中学3年生のクラスをランダムに選び、生き残りが一人になるまで殺し合いを続ける殺人ゲームを実施《じっし》していた。この殺人ゲームに巻き込まれてクラスごと離島《りとう》に送られた七原秋也は、同級生が次々と惨殺《ざんさつ》されていくなかで、思いを寄せる女子生徒を守るため、ゲームからの脱出《だっしゅつ》を企《くわだ》てる。2000年公開の映画版が社会問題になるほど物議をかもした国内デスゲームブームの原点。

『そして誰《だれ》もいなくなった』

（アガサ・クリスティー著、青木久惠訳、ハヤカワ文庫、2010年刊／ハヤカワジュニアミステリ、2020年刊）

とある孤島《ことう》に招き寄せられた職業も年齢《ねんれい》もバラバラな10名の男女。参加者が夕食の席につくと、彼らの悪事を暴く音声が流れる。やがて童謡《どうよう》の歌詞の通りに、参加者が次々と殺されていく。今読んでも恐《おそ》ろしいミステリー小説の金字塔《とう》。

『君の名は。』
（新海誠、角川つばさ文庫）
が好きな人におすすめ

ロマンティックな時間SF

「たんぽぽ娘」

（『たんぽぽ娘』R・F・ヤング著、伊藤典夫編訳、河出文庫、2015年刊所収）

妻の急用のため一人で夏休みを過ごしていた中年男のマークは、散歩に出た丘《おか》でたんぽぽ色の髪《かみ》をした若い女性に出会う。23世紀から父の作ったタイムマシンでやってきたと語る彼女と哲学や物理学の話で盛り上がるうち、二人の間に恋心が芽生える。父を亡くし、あと1回しかタイムトラベルができなくなった彼女がとった行動は……。

「愛の手紙」

（『ゲイルズバーグの春を愛す』ジャック・フィニイ著、福島正実訳、ハヤカワ文庫、1980年刊所収）

主人公は古道具屋で購入したアンティークの机の隠《かく》し引き出しから、80年前に書かれた女文字の手紙を見つける。それは理想の男性に宛《あ》てて書かれた架空のラブレターだった。文面に魅了《みりょう》された主人公は、返事を書いて古い郵便局のポストへ投函《とうかん》する。しばらくしてから別の隠し引き出しを開けてみると、女性からの返信が入っていた。

その他

『時をかける少女』（筒井康隆、角川つばさ文庫、2009年刊）

『ライオンハート』（恩田陸、新潮文庫、2004年刊）

『時の娘 ロマンティック時間SF傑作選 』（中村融編、創元SF文庫、2009年刊）

あとがき

自分が14歳だった頃《ころ》を振《ふ》り返ると、厳しすぎる校則と体罰《たいばつ》で生徒を縛《しば》りつける公立中学で四苦八苦していたせつない記憶《きおく》がよみがえります。無邪気《むじゃき》だった小学校時代の友人たちは理不尽な学校に反発してどんどんヤンキーになり、それは所属していた管弦楽部《かんげんがくぶ》も例外ではありませんでした。まさかのヤンキーオーケストラです。普通《ふつう》に練習や勉強をしているだけで、「ガリ勉」「先生にひいきされてる」と陰口《かげぐち》をたたかれていたあの頃。むろん、私だって従順な優等生ではありませんでした。髪《かみ》を染めたりスカート丈《たけ》をいじったりするのが面倒《めんどう》だった私は、ひたすら理屈《りくつ》っぽく壁《かべ》新聞で管理教育批判をしていたのです。幸い、他の生徒の反抗《はんこう》のほうがはるかに派手だったため、内申で酷評《こくひょう》されることもなく、校則のない希望の県立高校に無事進学することができました。

今にして思えば、理屈で反抗するタイプの10代でよかったのでしょう。勉強を放棄《ほうき》したところで、困るのは暴力教師ではなく、自分なのですから。あの頃の自分を守っていたのは間違《まちが》いなく、戦うための言葉を授けてくれた読書でした。

読書は、心を守るシェルターにもなり、理不尽《りふじん》な周囲に抗《あらが》う武器にもなります。そんなわけで、世間の荒波《あらなみ》を乗り越《こ》えるため、我が子にも本を読んでもらいたいと思っていたのですが、これがなかなか難しい。

長女が小学生の頃に「シャーロック・ホームズの本借りてきて。イケメンが二人出てくるやつ」とリクエストされたことがありました。イケメン？といぶかしみながらもイラストが表紙にあしらわれた講談社青い鳥文庫版のホームズを借りてきたら、返ってきたのは「これじゃない！　ヒゲ生えてるし！」という言葉。求めていたのは、人気イケメンゲームのキャラクターデザイナーが表紙を手がけていた角川つばさ文庫版だったようです。中身は一緒でしょうがよ！という母の声は届きませんでした。いじめっ子に復《ふく》讐《しゅう》してスカッとする女の子の物語が読みたいと言われて、スティーブン・キングのホラー小説『キャリー』（新潮文庫）を渡《わた》し、微妙《びみよう》な顔をされたことも（『ぼくらの七日間戦争』系のさわやかな青春物語を期待していたらしい）。

マンガとアニメとゲームと動画をたっぷり浴びて目が肥えている今どきの10代のお眼鏡にかなう本を探すのは、容易ではありません。大人が一方的に選んだ課題図書を、子どもたちが読みたがらないのも道理です。

一方で子どもは、大好きなお笑い芸人が紹介《しようかい》する本や、面白いマンガに登場する本はとても読みたがります。特に長女は本書のイラストを担当してくださった施川《しかわ》ユウキさんの読書マンガ『バーナード嬢《じよう》曰《いわ》く。』（一迅社）が大好きで、4巻で紹介されているスティーブン・キング『死のロングウォーク』（扶桑社ミステリー）を小学校の司書の先生に頼《たの》んで、他の自治体の図書館から取り寄せてもらってまで読んでいました。『キャリー』は読まなかったのに。

憧《あこが》れの著名人のおすすめなら、確かに面白さは読まずして保証されているようなもの。私だって子どもの頃、PTAや先生のおすすめ本なんてまったく眼中にありませんでした。でもなんか、負けたくない……！

なんとしてでも本の面白さを押《お》しつけたい一心で、今どきの10代の流行りものの話や悩《なや》みをひたすら聞き、新刊情報をチェックし、あれこれ提案を繰り返した結果、最近ようやく私が買ってきた本を「面白そうだからあとで読ませて」と中学生にねだられるようになりました。本書はそんな長年にわたる試行錯誤《しこうさくご》の集大成です。たぶん、課題図書よりは目をひくものがあると思うのですが、どうでしょうか。

図書館にお目当ての本がなくても、たいていの図書館では、カウンターかネットで予約すれば他館から取り寄せることができます。近くに図書館がない場合は、学校の司書の先生に頼んでみれば、図書室に入れてくれるかもしれません。本を書く仕事をしている身としては、もちろん買ってくれたら一番ありがたいのですが、本はお金がないときでも楽しめるのがいいところです。ただで読めるシステムをどんどん活用して、運命の本にたどりつけるよう祈《いの》ってます。

最後に、カバーと章扉《とびら》のイラストを引き受けてくださった施川ユウキさん（一家そろってファンです！）、粘《ねば》り強く原稿《げんこう》を待ってくださった編集者の朝田明子さん、執筆《しっぴつ》に協力してくれた家族に心からの感謝を。

著者紹介

堀越英美（ほりこし・ひでみ）

1973年生まれ。文筆家。早稲田大学第一文学部卒。著書に『女の子は本当にピンクが好きなのか』『不道徳お母さん講座　私たちはなぜ母性と自己犠牲に感動するのか』『スゴ母列伝　いい母は天国に行ける　ワルい母はどこへでも行ける』、翻訳書に『ガール・コード　プログラミングで世界を変えた女子高生二人のほんとうのお話』『世界と科学を変えた52人の女性たち』、共訳書に『ギークママ　21世紀のママと家族のための実験、工作、冒険アイデア』などがある。二女の母。

14歳の世渡り術
WORLDLY WISDOM FOR 14 YEARS OLD

モヤモヤしている 女《おんな》の子《こ》のための読《どく》書《しょ》案《あん》内《ない》

2020年11月20日　初版印刷
2020年11月30日　初版発行

著　者　堀越英美

カバー・章扉イラスト　施川ユウキ
ブックデザイン　高木善彦（SLOW-LIGHT）

発行者　小野寺優
発行所　株式会社河出書房新社
〒151-0051　東京都渋谷区千駄ヶ谷2-32-2
電話　(03) 3404-1201（営業）／(03) 3404-8611（編集）
http://www.kawade.co.jp/

印刷　凸版印刷株式会社
製本　加藤製本株式会社

Printed in Japan
ISBN978-4-309-61726-8

教科別！ 学校では教えてくれない学び方

英語

わたしの外国語漂流記
未知なる言葉と格闘した25人の物語
松村圭一郎、佐久間裕美子、丸山ゴンザレスほか
外国語はシビアな世界を渡る武器にもなり、時に誰かと自分を結ぶ糸にもなる。留学、転職、研究、世界大会……各界の25名が自身の外国語学習法とヒリヒリ、ホロリ、リアルな体験を綴る。

英語、苦手かも…？と思ったときに読む本
デイビッド・セイン
「間違いを恐れない」「"お勉強" はNG」「まずは〈読む〉から始めよう」……学校では教えてくれない、現場で役立つ英語との付き合い方を、一緒に身につけよう。きっと意識が変わるはず。

中学英語で日本を紹介する本
デイビッド・セイン
やさしい英語を使って、楽しみながら日本を紹介しよう。道案内、友人との観光や食事、日本文化紹介まで、シチュエーション別に基本例文と文法を網羅。ネイティブ発音の MP3 特典付き。

数学

世界の見方が変わる「数学」入門
桜井進
地球の大きさはどうやって測ったの？ 小数点って？ 円周率?……小学校でも教わらなかった素朴な問いをやさしく紐解き、驚きに満ちた数の世界へご案内！ 数学アレルギーだって治るかも。

国語

自分で考え、自分で書くためのゆかいな文章教室
今野真二
自分のことばで書きなさい。でもどうやって？ 「ことばの実験」（表現の言い換えや置き換え）を通して日本語のニュアンスや語感の多様さ・奥深さを体感。これからの人のための国語教室。

大人になって困らない語彙力の鍛えかた
今野真二
語彙力は暗記では身につかない！ 楽しく、ゆかい、だけど本格的。大人になってからあわてて勉強しなくてもすむように、場面に応じた言葉をすっとひきだせる、一生役立つ方法を授けよう。

ときめき百人一首
小池昌代
百首すべてに詩人ならではの現代詩を付け、和歌の楽しさ、魅力を、詩と解説、コラムで紹介する。知っておきたい和歌の技巧なども分かりやすく学べる、14歳から味わう百人一首入門。

学校では教えてくれないゆかいな日本語
今野真二
普段使っている日本語、単なるコミュニケーションの道具だと思ったら大まちがい。遊び心に満ちた、ゆかいで、たのしいその世界を知って、言語の達人になろう。

生き延びるための作文教室
石原千秋
作文とはウソを書くことである！ 学校では教えられない、ふつうでない作文のすすめ。個性的である必要はない。個性的に「見える」方法を教えよう。いつまでみんなと同じこと書いてるの？

夏目漱石、読んじゃえば？
奥泉光
漱石って文豪と言われているけど面白いの？ どう読めばいいの？ そもそも小説の面白さって何？ 奥泉光が全く新しい読み方、教えます。香日ゆらによる漱石案内漫画付き。

学校生活をもっと楽しくするヒント

10代からのプログラミング教室
できる！ わかる！ うごく！　矢沢久雄

プログラミングができると、どんないいことがあるの？ どうやればできるようになるの？ 苦手意識があっても大丈夫。ものを作れる楽しさを実感しながら、自分で身につける技術を伝授。

正しい目玉焼きの作り方
きちんとした大人になるための家庭科の教科書

イラスト　森下えみこ

目玉焼きがカチカチになる、風邪をひいたときに作るおかゆがマズイ、お気に入りの服を洗濯でダメにしてしまう……そんな人のために、洗濯・料理・片付け・裁縫……家庭科の基本をこの一冊で！

聞く力　話す力
インタビュー術入門　松原耕二

沢尻エリカ、玉三郎、カストロ議長……千人以上にインタビューしてきた名キャスターが教える、相手の心をひらく魔法のコツ。14歳からマスコミ志望者まで誰でもわかる聞き方・話し方の全て。

発信力の育てかた
ジャーナリストが教える「伝える」レッスン

外岡秀俊

ツイッター、ブログ、YouTube……すべての人が “発信者＝ジャーナリスト” になる時代がきた！ プロの「伝える力」をわかりやすく伝授する、元朝日新聞の名記者による新時代の教科書。

学校では教えてくれない人生を変える音楽
角田光代、池辺晋一郎、又吉直樹ほか著

時に励まし、時に癒し、時には人生をも変える力を持つ「音楽」。作家、学者、漫画家、音楽家、アイドル、芸人……26名が人生で出合ったあまたの音楽の中から選びぬいた1タイトルを紹介！

ロボットとの付き合い方、おしえます。
瀬名秀明

ロボットは現実と空想の世界が螺旋階段のように共に発展を遂げた、科学技術分野でも珍しい存在。宇宙探査から介護の現場、認知発達ロボティクス……ロボットを知り、人間の未来を考える。

アイデアはどこからやってくる？
岩井俊雄

縦に開く斬新な絵本『100かいだてのいえ』や、光と音を奏でる楽器『TENORI-ON』など、誰も思いつかなかったアイデアを次々と生み出すメディアアーティストが、その発想の秘密を大公開。

社会

戦後日本史の考え方・学び方
歴史って何だろう？　成田龍一

占領、55年体制、高度経済成長、バブル、沖縄や在日コリアンから見た戦後、そして今――これだけは知っておきたい重要ポイントを熱血レクチャー。未来を生きる人のための新しい歴史入門。

理科

14歳からの宇宙論
佐藤勝彦　マンガ＝益田ミリ

宇宙はいつ、どのように始まったのか？ この先は？ もう一つ別の宇宙がある？ ……最先端の科学によって次々と明らかにされた宇宙の姿を、世界をリードする物理学者がやさしく紐とく。

みんなに話したくなる感染症のはなし
14歳からのウイルス・細菌・免疫入門

仲野徹

感染症にかかると身体はどうなる？　ウイルス、細菌、免疫、ワクチン……病気とその治療のしくみを、大人気・病理学者が、中学高校で習う知識を使ってわかりやすく解説。

気持ちをかえる、未来を考える

人生を変えるアニメ
河出書房新社 編

楽しいアニメ、悲しいアニメ、美しいアニメ、悩ましいアニメ……人生に必要なことは、すべてアニメが教えてくれる！　監督、声優、小説家etc.が中高生に本気で薦める決定版アニメガイド。

栗山魂
栗山英樹

最強にして最高のチーム・北海道日本ハムファイターズ監督の自叙伝。苦悩の連続を経て日本一の監督になるまで。夢は見るものではなくつかみとるもの。夢を叶えて熱く生きたいすべての人へ。

昆虫たちの世渡り術
海野和男

奴隷をこき使うサムライアリ、子育てはアリ任せのシジミチョウ、求愛にプレゼントは欠かさないオドリバエ……生態系の下位にいる昆虫たちが、熾烈な世界で生き抜くユニークな生存戦略を伝授！

偽善のすすめ
10代からの倫理学講座
パオロ・マッツァリーノ

愛は地球を救わない？　でも偽善は誰かを救えるかもよ!?　動機が純粋なら人を傷つけていいの？　不純な気持ちで人に親切にしたらいけないの？――倫理学と社会学から迫る誰も知らない偽善の真実。

からだと心の対話術
近藤良平

「完璧なストレッチより好きな人と1分背中を合わせる方が、からだはずっと柔らかくなる」。「コンドルズ」を主宰する著者が、コミュニケーションで役立つからだの使い方を教えます。

「死にたい」「消えたい」と思ったことがあるあなたへ
河出書房新社 編

つらい、死にたい、もう消えてしまいたい……。そんな気持ちを持つあなたへ、作家、YouTuber、アーティスト、精神科医など、各界の25名が様々な言葉を届けます。

いつかすべてが君の力になる
梶裕貴

『進撃の巨人』エレン・イェーガー役など数々の話題作で主役を務める実力派声優が、下積み時代の苦悩から「声優」という仕事への思いまでを語る。夢に向かう全ての人にエールを送る！

101人が選ぶ「とっておきの言葉」
河出書房新社 編

小説家、俳優、タレント、スポーツ選手、企業家、学者等様々な分野で活躍する101人が選ぶ多種多様なとっておきの言葉。なぜその言葉を選んだのかというコメントも必読！

「がんばらない」人生相談
南無そのまんま・そのまんま
ひろさちや

「人間はなんのために生きているのですか？」――お金儲けや競争社会、クダラヌ大人の誘惑に、まき込まれないためのまわり道。人生になやむ中高生へおくる指南書。

大丈夫！　キミならできる！
松岡修造の熱血応援メッセージ
松岡修造

「ポジティブ勘違い、バンザイ！」「『ビリ』はトップだ！」「カメ、ナイストライ！」。勝負を挑むときや何かに躓いたとき……人生の岐路に立ったとき勇気が湧く、松岡修造の応援メッセージ！

復讐プランナー

あさのあつこ

中学校に入ってまもなく、突然いじめられる日々がはじまった雄哉と章司。怒りと悔しさに立ちすくむ二人の前に、「復讐計画を考えるんだ」と誘う不思議な先輩が現れた——。生き抜くための青春小説。

あなたの不安を解消する方法がここに書いてあります。

吉田尚記

「日本一絡みづらい」とまで言われながらも、年間150本以上のイベントを仕切る"日本一忙しいラジオアナ"に。そんな著者がコミュニケーションの「不安」を感じるすべての皆さんに贈る。

目的別ブックガイド

旅が好きだ！ 21人が見つけた新たな世界への扉

河出書房新社 編

どんなにネットが発達しても自ら訪ねないと見られない・得られないものがある。国内から海外まで、無類の旅好きたちが贈る旅のススメ。人生には、やっぱり旅が必要だ！ ブックガイド付き。

恋って何ですか？ 27人がすすめる恋と愛の本

河出書房新社 編

小説家、俳優、アーティスト、学者たちが大切にしている「恋の本」を紹介するブックガイド。恋について考えたいとき、恋で悩んだとき……あなたの恋の力になる一冊がきっと見つかります。

マンガがあるじゃないか わたしをつくったこの一冊

河出書房新社 編

ほんとうに面白い、ぜひ読んでおくべきとっておきの名作・傑作・衝撃作を教えます。小説家、評論家、マンガ家etc.が、全国の中高生に薦めるマンガガイドの決定版！ さあ広大なマンガの荒野へ！